袁世凯的宦海残局

尹钛/著

国家行政学院出版社

图书在版编目（CIP）数据

伤心的政治：袁世凯的宦海残局 / 尹钛著. —北京：国家行政学院出版社，2012. 6

ISBN 978-7-5150-0349-8

Ⅰ. ①伤… Ⅱ. ①尹… Ⅲ. ①袁世凯（1859 ~ 1916）—传记 Ⅳ. ① K827=52

中国版本图书馆 CIP 数据核字（2012）第 140865 号

书　　名	伤心的政治：袁世凯的宦海残局
作　　者	尹　钛
责任编辑	李少军　陈　平
出版发行	国家行政学院出版社 （北京市海淀区长春桥路 6 号　100089）
电　　话	(010)68920640　68929037
编 辑 部	(010)68928745
经　　销	新华书店
印　　刷	北京中印联印务有限公司
版　　次	2013 年 1 月北京第 1 版
印　　次	2013 年 1 月北京第 1 次印刷
开　　本	787 毫米 ×1092 毫米　1/16
印　　张	15
字　　数	164 千字
书　　号	ISBN 978-7-5150-0349-8/D•0155
定　　价	35.00 元

画鬼容易画人难

——给尹钛的序

张鸣

写史，最难的是写人。历史是人折腾出来的，说史，即使是单纯的大事记，也免不了有人在里面，不能把人和事剥离开。但是，现在做历史的，往往见事不见人，写来写去，干巴巴的，就那么点事儿，里面当然有人，但是人都“事儿”化了，没血没肉没性情。说实在的，不是写史的人不想写人，一边是多年的积习难改，一边是写人也的确有难度。俗话说，画鬼容易画人难，难就难在人是现实中存在的，有些人，还是另外一些人熟悉的。写史不同写小说，可以乱加虚构，写得不好，也许连人都不像了，更何况真实存在过的张三李四？

历史上的张三李四难写，写名头响的大人物则更难乎其难。说的人多，写的人也多，但写好了，写活了很难。其中，袁世凯和杜月笙两位，要算是难中之难。

袁世凯是个著名的白鼻子人物，从民国起，凡是有关袁世凯的叙述，除了他自己人的《容庵弟子记》之外，基本上都是负面评价。袁世凯的脸谱，从北洋时期就给人画花了，近似小丑或者二丑，到了国民党主政，就基本上定型在白鼻子上面了，成了京剧中的王莽、曹操之流亚。此后，更是每况愈下，写传者，不在袁世凯三个字前冠以“窃国大盗”四个字，基本上是不能开印的。直到近年，才稍微好了一点。相形之下，杜月笙的命要稍好一点。在北洋时期，杜老板食客不止三千，比当年的孟尝君和信陵君还风光，捧他的文人多，连眼高于顶的章太炎，都出来拍杜老板的马屁，把一个浦东不知什么来历的小混混，捧成杜周和杜预的后人，再上，一直推到尧舜。国民党时期，由于主政者有意遮掩当年自己的青帮痕迹，有意疏离，杜月笙风光不再。但文人墨客，落井下石者也不多。也只是到了1949年之后，纸上的杜月笙才真的变得穷凶极恶，文人们仿佛才悟到，原来这是一个五毒俱全的帮会头子！于是，左一个流氓大亨，右一个流氓大亨的文字问世了。

中共主政中国，自1949年开始，而在中共主政之前，史学界的主流，就已经是马克思主义唯物史观在当家了。这种史观，评价人物有两个尺度，一是进步史观，二是阶级分野。在前者，只要推动历史进步的人，都是正面的，而历史，即使在形式上，也只能前进不能倒退，谁开倒车，注定要被钉死在耻辱柱上。在后者，则是讲究人物的阶级属性，如果出身不好，向先进阶级靠拢也可以。在这样的历史观主导下，我们这两位，袁世凯和杜月笙，究竟在史家或者文人的笔下能有何等命运，不问可知。当然，眼下的境况已经好转，人们写史的禁忌少了些，也有些人出来给过去的反面人物抱打不平，说几句好话。但骨子里，进步史观的阴影还在，人们还是脱不出好坏善恶的二元分际。无非是过去说坏，现在说好，翻烙饼，标准还是那些货色。更要命的是，跟整个学界的浮躁类似，现在的写史者，写来写去，好像都是为了市场，大家都是写手，一种市场化流水线上的写手。除了极个别学者之外，很少有人去发掘史料，钩稽隐事。只消文字绚烂，有噱头，不愁没有销路。

尹钛写这两个人物，在我的印象里，已经有好些年了。首次完稿，记得是在2007年，当时，一些出版人看了以后，就轰然叫好，给了这个没有什么名气的作者最高的版税，甚至，我的序都已经写好了。但是，尹钛却始终不肯出版，总觉得还要加工修改，打磨再打磨，一拖就拖到了今天。我原来写的序已经怎么都找不到了，只好重写一篇。不过，这两本书磨到今天，的确跟当年不一样了。里面不仅有更多不为人知的细节，而且文笔更加好看，好玩，完全没有了他这个年龄比较有学问的学者那种掉书袋的感觉，很大气，绝少斧凿的痕迹。任何一个层次的人，只要喜欢历史，多半会捧起放不下。这两本书，不客气地说，是当今写人的佳品，至少，在我有限的阅读中，还没看到过比它们更好的著作。

尹钛是我的学生，一个相识很久的朋友。认识他的时候，他已经是个书虫了，每日蓬头垢面，就知道读书。他还在本科的时候，给他们班上的第一门课，我给了他120分。此后，一直到博士毕业，其实我没教给过他什么东西。我跟他之间，其实就是资深的朋友，书友。我真的不明白，他小小年纪，腹笥怎的会如此之宽，肚里的货这么多，而且倒出来的时候，竟然如此灿烂有光。

以上的文字，有吹捧自己学生之嫌，在某些学人，吹自己的学生，就是吹自己。但是，平心而论，我真无此意，即使说了好听的，不过是真心话而已。是好是坏，读者诸君自己判断，建议在买之前，先看上一段，如果真的像我说的那样，你再掏钱。

2012 年 12 月 1 日，于京北清林苑

楔子

真假袁世凯

在晚清半个世纪的坎坷历程中，有三位人物举手投足都影响到中国历史的走向，而这三位人物到现在为止，在历史上却都留下不小的骂名。这三个人就是慈禧太后、李鸿章和袁世凯。而袁世凯尤其特殊，他不止在晚清政局中一柱擎天，还一手开创了民国的政治版图。

曾几何时，袁世凯是中国统一和稳定的强有力象征，不管是土崩瓦解的大清王朝还是嗷嗷待哺的中华民国，都将他视为自己的救世主，但转瞬之间，他成了“祸国殃民”的罪魁祸首，既是大清朝的“乱臣贼子”，又是中华民国的“不赦罪人”；当年，他曾以孔武有力、深谋远虑的民族英雄的刚健姿态登上大清帝国的政治舞台，而当谢幕来临，他已经是“卖国求荣”、“不惜以一己之私害及天下”的无耻政客的活标本；他领导和推动了清王朝最后的、公认为成功的改革，积累了巨大的政治声望和权势，却于声望正隆之际突然被放逐。在其最后十多年诡谲多变的政治生涯中，他谋取了足以“一言兴邦、一言丧邦”的极峰地位，但即使在他处在权力巅峰时，对他的恶毒诅咒也和对他的赞颂之词一样多；每一个见识过他手段和才干的人，不管这些人多么刚愎自用自视甚高，都不得不或明或暗地佩服他杰出的领袖才能和超凡的魅力，然而，即使那些不遗余力赞颂他的人中，也从来没有人敢公开称颂他是一位真正“德配天地”的“伟人”，因为，据说他实在是“不讲道德”。而这位根本不符合儒家正统史笔弘扬标准的大人物，却极为热心地弘扬孔孟之学。最具讽刺意味的是，对这样一位以建立不世“事功”自勉而且自诩的人物，后世史家却一再以道德判词来痛贬，对他的事功几乎不屑一顾，对他的败笔却一书再书。他是一个“阴谋家”，是一个“伪君子”，是不折不扣的“窃国大盗”——先窃清朝代以民国，后窃民国代以洪宪王朝。然而，我们看到，在他的时代，有多少叱咤风云、精明超卓的伟人如孙中山、宋教仁、黄兴，如梁启超、章太炎之辈，都被这个五短身材的小个子玩弄于股掌之间！更不用说那些在他死后横踞枢要、胡作非为的大军阀们在他面前多么恭顺了。

他究竟有什么过人之处，居然有如此惊人的“骗术”和“盗术”？当世和后世的人众口一词断定袁世凯“善作伪”，可是，如果人人都说这个人“一生作伪”，那么，什么样的袁世凯是“真正”的袁世凯？又有谁“认识”“真正的袁世凯”？

“历史”在中国人的生活中占据着如此重要的地位，以至于我们赋予了它多得数不清的任务，它成了城头变幻的“大王旗”，翻覆无常，是政治风云中的“如意金箍棒”，可长可短，宜细宜粗，还可以附会上五彩缤纷的各种细节。但不管怎么变，它总之还是一根被人不断挥舞若有所指的棒子。“袁世凯”这个名字就是一根绝好的棒子，它横扫那些“独裁专制”的“民主对头”，棒喝那些私欲膨胀的“政治野心家”，更直指那些“卖国求荣”的“民族罪人”。

在活生生的历史人物成了别人笔头或红或黑的墨水的时候，在这大棒飞舞之际，还有多少人去探究，袁世凯为什么要签下那么一个臭名昭著的条约？他从这一票“卖国”买卖中又得到了什么好处？又有多少人还去计较袁世凯一生为抵挡日本对中国的侵蚀和侵略而付出的心血，还有多少人记得他曾经也是声名显赫的“抗日英雄”？因为戊戌政变中的角色，也因为洪宪帝制的复辟，袁世凯成了开惯了历史倒车的“捣蛋司机”。当我们将袁世凯“称帝”的演出视为闹剧，而不是悲剧之后，再也没有人关心，为什么是他而不是别人有资格操纵中国这辆大车，当然更没有人去关心，他开的是一辆什么样的破车老车、这破车是行驶在怎样崎岖曲折的路上。我们对历史人物的理解偏颇到这样一种程度，以至于，如果今天我们说袁世凯其实是中国现代化事业的一个“伟大开创者”，会有为数不少的人斥之为谬论，如果有人说他其实还算一个“爱国者”，那就更是“颠倒黑白”。

然而，历史本来就不是一幕幕黑白影片，相反，它是一幅幅五彩斑斓的彩色照片。我们看到什么样的历史图像，很大程度上取决于我们是不是“色盲”，也取决于我们怎么剪辑和解释这些彩色的图片。

袁世凯结束了一个长寿的王朝，也创立了一个短命的王朝。

他终结了一个时代，也开辟了一个时代。

他撑起了晚清最后十年的政局，也参与开辟了亚洲第一个共和国的政治版图。

历史曾经以他为分界线。可是，多少年来，对这样一位历史大人物，我们实在谈不上有多少真正的了解，对他留下的“历史遗产”，我们不加审视地唾弃，甚至视而不见。我们已经习惯了袁世凯僵硬的漫画式的脸谱，对他的生动表情已经感觉陌生而奇特。历史的书写已经在他脸上描上太多的油彩，要认识那脸谱下的面目，也许成了永远都无法完成的任务。

▲1

1.1913 年 10 月 6 日，国会选举袁世凯为第一任正式大总统。四天后，即 10 月 10 日民国国庆，袁世凯着大元帅服在天安门城楼举行大阅兵，北洋受阅部队走过天安门广场，齐声高唱《大帅练兵歌》：“……第一立志要把君恩报，第二功课要靠官长教。第三行军莫把民骚扰。我等饷银皆是民脂膏……”

2 上为北洋造币局产光绪 34 年银币。钱背外环英文，内饰蟠龙纹。这是 1908 年，光绪在位最后一年，蟠龙纹即将被历史的烈焰抹去，铸上新的人头像。

2 下为民国开国纪念币。

1911 年宣统退位，孙中山在南京颁布“临时大总统令”，提出“另刊新模，鼓铸纪念币”，大清银币的蟠龙纹被十八星旗和五色旗代替，一个新的时代诞生。

▲3

3“袁大头”。

1913 年，袁世凯就任正式大总统，颁令统一币制，币面为袁世凯戎装头像，取代十八星旗和五色旗，袁世凯的头像从此镌入了二十世纪的中国历史。

4 洪宪纪元银币。

民国四年元旦，袁世凯称帝，号洪宪。4 年后，有好事者戏铸银币，钱面为袁像共和纪念历面模，钱背为小飞龙。虽为戏铸，却也合于历史常理，权力在握者，期冀于历史留名的，最有效的手段莫不过铸其像于通货，虽亿万人，皆可过目而不忘。

▼4

▲5

▲6

▲7

5 为大清黄龙旗。旗面黄色向为皇族象征，龙则寓表皇帝，代表最高权力。

6 为五色旗，北洋政府时期的国旗。

南京临时政府成立时，孙中山主张用青天白日满地红旗为国旗，认为五色旗是清朝海军一二品官旗，但革命时期江苏、浙江、安徽等省已多用此旗，故最后决定使用五色旗，此乃不得已而为之的妥协。

7 为中华帝国国旗，1915年袁世凯称帝后，定此旗为中华帝国国旗，83天后，此旗即随袁氏杳然而去，进入历史的博物馆。

旗帜标志权力，
权力的争夺伴随着旗帜的易换。

8 1918 年 11 月 18 日故宫太和门前高扬的五色旗。入天安门，过端门，经午门，即到太和门，明朝皇帝每日天光熹微时在此听政，是为权力中枢之门，昔年龙旗飘飘，此日五色招展，权力易帜，可见一斑。

▼8 故宫太和门

第一部

第一部

回望中原

在历史演进的过程中，有一些所谓的“重大事件”，在历史学家看来，这些事件是历史进程的里程碑，是历史变革的关节点，影响和制约着整个历史变迁的方向。比如甲午中日战争、戊戌政变、辛亥革命等等大事，长久以来都是众人注目的焦点。在这些大事件炫目光彩的掩盖下，很多“无足轻重”的事件就滑落出我们的视野了。

不过，将镜头切入到细微的历史进程中，就会发现历史远比“大事件”展示出来的脉络复杂得多，也更有传奇色彩。那些看似不起眼的事件，却很可能是长时段的重大变革的起点。

1882 年，在大清帝国的属国朝鲜发生的“壬午兵变”，就是这样一件不起眼却影响深远的事件。在这场发生在海外异国的兵变中，却令人惊异地出场了好几位在此后三十年的中国政局中呼风唤雨、颠倒乾坤的大人物：袁世凯，在平定这场兵变中一役成名，从此青云直上；张謇，晚清的名状元，在身历事变后以一纸《朝鲜善后六策》赢得朝野注目，为以后的政商大业打下牢固根基，而后在辛亥年领导立宪党与革命党和袁世凯鼎足而三，瓦解了大清朝的二百六十余年基业，这时候他还不过是进兵朝鲜的淮军将领吴长庆军中一介幕僚；唐绍仪，中华民国的开国总理，1882 年兵变之后随即以税务帮办的身份来到朝鲜，他这时还只扮演了一个小角色。当 1911 年辛亥革命爆发后，正是这几位人物的决策，对于中国大局具有难以估量的影响力。

更加意义深远的是，这一场事变其实是中日这一对百年冤家真正的民族和国家较量的开始，在这场冲突中展示和逐渐形成的两国不同的对外战略深刻影响到此后两国的命运。

要明白为什么袁世凯最初是在朝鲜建功立业，甚至要理解袁世凯一生的命运和整个近代中国的命运，都不得不说及中日朝三边关系。1894 年正是朝鲜问题引发了中日甲午战争，甚至有韩国历史学家认为，第二次世界大战的真正起点是 1894 年的战争；再过五十多年后的 1950 年，又是朝鲜问题引发了震惊世界的朝鲜战争，这后一场战争的后果迄今也没有彻底消化——朝鲜半岛分裂，中国统一台湾受挫。即使到现在，朝鲜半岛也仍然是远东地区大陆与海洋权势转移的枢纽。

1882 年的朝鲜还是大清帝国的藩属国，向中国称臣纳贡，内政自理而接受中国保护，对外没有独立主权。清廷方面，有关朝鲜的事务由总理各国事务衙门和直隶总督兼北洋大臣承朝廷旨意办理。不过，此时的朝鲜，和中国的其他藩属国（如越南，缅甸等）一样还面临一个特殊问题，即脱离千百年来以中国为中心的“天朝”国际体系，加入拥有独立主权的现代民族国家行列。

当政的朝鲜国王李熙12岁登基，以生父大院君李昰应为摄政。待李熙成年，性情怯懦，在朝鲜王妃闵妃操纵下，罢李昰应之权，从而演出一幕父子翁媳争政的戏来。李昰应本来保守而亲华，此时的闵妃却主张开放亲日（但后来态度又转而亲华排日了）。不过闵妃当政后却是政局败坏，致使1882年发生兵变，结果李昰应趁机夺权。乱兵暴民愤于日本历来的侵扰而烧杀日本使馆，日使花房义质狼狈而逃，仅以身免。朝鲜承平日久，乱起则无宁日，此时闵妃一派趁机按例请“天朝上国”派兵敉乱，从而可借清朝扶持重夺权位。日本则因侨民被杀迅速出兵朝鲜，结果这一场兵变变成了中日两国的交锋。

1882年6月兵变发生时，向来主持中外交涉和北方军政的北洋大臣李鸿章正因母丧而丁忧去职，由另一名淮军将领两广总督张树声署理直隶总督兼北洋大臣。7月，张树声接到朝鲜驻天津官员金允植的求援要求，迅即议定出兵朝鲜平乱，由驻山东登州的淮军劲旅吴长庆率六营淮军乘北洋水师丁日昌的军舰前往朝鲜。而弱冠之年的袁世凯此时正在吴长庆军中做帮办文案。他谋到这一职位是因为吴长庆和他叔父交情匪浅，吴袁两家是世交，甚至吴长庆孙女还说，袁世凯被吴长庆收为义子。

1. 科场与疆场

袁世凯生于1859年。这是清文宗咸丰九年，日本孝明天皇安政六年。此年美国的宾夕法尼亚打出了世界第一口油井，苏伊士运河工程开工，大英帝国伦敦的大本钟开始为伦敦报时。达尔文的《物种起源》、马克思的《政治经济学批判》和密尔的《论自由》同在这一年出版。半个世纪后，这三本书都将引进到中国，书中蕴含的力量在短短的几十年内摧毁了这个持续了数千年的文明。也是在这一年，日本的幕府处死了吉田松阴等七名志士，引发了倒幕运动，进而促成了明治维新，日本从太平洋上升起了。大洋彼岸，世界第一个现代的大范围内的共和国（美利坚合众国）正面临着严重的政治分裂危机，无法解决的冲突第二年就演变成几乎分裂美国联邦的南北战争。在这年9月17日，一个自称“美国皇帝诺顿一世”的人走进《旧金山布告》办公室，递交了一份一句话的诏书：“在美国绝大多数公民的强烈要求下，我……宣告自己为美国皇帝。”并命令美国各州的议员于次年2月1日到旧金山音乐大厅开会，修改现有的法律。历史多么诡谲，1859年出生的袁世凯将照着1859年的美国剧本出演。

这一年的中国，在华北，满族皇权以徒劳而悲壮的方式和英法联军交战于天津大沽，试图修饰其已经开始剥落的“天朝上国”的颜面；在西北，回民起义已成燎原之势；在江南，湖南人曾国藩被任命为钦差大臣、两江总督，督办军务，组织湘军武力镇压太平军，动摇了半个中国的“太平天国”终于遇到了有力的对手。此后大半个世纪，中国的政治冲突将在他们的事业和政治遗产继承人之间展开：曾国藩、李鸿章与袁世凯，他们在维护一种秩序，而洪秀全与孙中山，要颠覆这种秩序。他们将改变的是一个什么样的中国？在《论自由》里，密尔警告他的英国同胞：如果维多利亚王朝的英国人不抵抗民意的专制、不鼓励个人的独立发展，那么他们最可悲的下场将是……变成另一个中国——1859 年停滞不前的中国。而中国之所以停滞不前，是因为那个国家只知道群体的齐一，不知道个人超卓于群体的重要。袁世凯出生在这样的世界和中国："自由"扩张的西方世界和"停滞"不前的古老中国。

袁世凯的祖籍河南项城，叔祖袁甲三是剿捻名将，曾任钦差大臣，官至河道总督。袁家也算簪缨世族，家族几代出了八位州县以上官员，所以袁世凯未成就一番功业前，认识他的人大都目之为"世家子弟"。袁世凯少年时也的确没有辜负这一名头——他随居官南京的嗣父（袁世凯年幼时即过继给叔父保庆）住在这六朝金粉地时，据说是日日以跑马闲逛为乐事，到叔父逝世他困居乡里时，照样以啸聚林泉为乐。袁世凯十五岁时，他那位接过管教子弟责任的另一叔父保龄（官居北京，为四品京官候补道，曾被曾国藩许为"国士"）对他有如许评价："资份不高而浮动异常。"

袁在家乡时间不多，因此一直没有好好读书，而且虽然长辈时相督促，他也勉力而为，甚至还在家乡组织过文社"丽泽山房"和"勿欺山房"，以效文士风范，但他于括帖之学实在无缘，终究非此道中人。据说他少年时的爱好是饮酒、驰马，每饮酒必豪饮数斗，骑马则驰骋郊原。他归里守制时，有空即泛览兵书，对客谈兵，也有一番雄心壮志。据袁的幕僚后来所编《容庵弟子记》中说，袁十九岁时已是两次科场蹭蹬，一怒之下尽焚历年所作诗文，从此立志效命疆场，对科举不再抱希望。但两次落第之后袁世凯在家书中却又说："不能博一举人，不能瞑目！"从其遗留家书看，其中讲到自己刻苦作八股的地方也不少。这种在科场进退踌躇的心态，颇堪玩味。

袁世凯对科举制艺的心态真是“爱恨交加”。恨，是因为枉自志大才高，却才不及此，有心无力。所以，到他在清末新政的惊涛骇浪中成为改革领袖时，力排众议废除科举，恐怕和早年的这一段心病有点关系，他深知科举消磨人才志气之弊；爱，则是因为在中国，文章到底是“千古事”（曹丕就说文章是“经国之大业，不朽之盛事”），以文抒志自古以来是中国历代英雄的传统。岳武穆留下几阕名词，曹孟德也曾横槊赋诗，哪怕造反做流寇的黄巢，还有“我花开后百花杀”、“满城尽带黄金甲”这样霸气冲天的咏菊诗，更不用说汉高祖唱“大风歌”、楚霸王泣“垓下歌”了。袁世凯既然胸有大志，想成就一番功业，当然也希望自己有“传世之文”，哪怕这文以事传也好，这是中国传统政治精英都免不了的心结。而文章写得好不好，先得过了科举这一关再说。况且，直到1905年科举废除之前，中国官场的“正途”始终都是科举制艺，如果连个秀才都不是，那官场“社交圈子”都难得钻进去，还谈何功业？这不是夸大其词。

袁世凯仕于晚清的最后十年已谋取到封疆首吏及“入阁拜相”的权籍，在政绩和才干上无人可及，但在他自己和旁人看来，和张之洞相比，他声望之中始终缺了点什么。说白了，还是缺个科举功名，用现在的话来说，此人“能力很强，学历不高”。清朝没有宰相，内阁的首辅大学士以及协办大学士都被称为中堂，即宰相的别称。但实权则由军机处掌握，在军机处任职的官员称为军机大臣，统称大军机，军机大臣的僚属称为军机章京（章京为汉语“将军”的满语谐音），又称小军机。事实上只有既是大学士又是军机大臣才可算做名正言顺的宰相。1907 年丁未政潮之后，慈禧为集权中央而调张之洞与袁世凯两位总督入值军机大臣，可是，两人之“待遇”却有差别，张之洞出身翰林，就同时授任大学士，成为真正的宰相，而袁世凯因没有功名，就只有军机大臣的职务，他离真正的宰相，永远都隔了一步之遥。

没有科举功名，是袁世凯心中巨大的隐痛，也为他的宦途留下一个后遗症。

也正因为有这一份心绪，袁世凯在以后权位愈高，对文人学士、硕学鸿儒则态度愈尊，尽心延揽笼络，以至于到他当上民国大总统时，居然规定只有前清有过州县官为官资历的人，才能当民国的民政长（省长），也就是变相规定民国的父母官都得有些前清的科举功名。这一条后来是被归为袁世凯“倒行逆施”的“罪状”了。平心而论，这措施可能主要还是为了保持地方政局稳定。

在那些有功名的人面前，他也不免有些惆怅和自卑，这是后遗症的另一种表现。张之洞督两湖时正值七十寿辰，袁世凯督直隶，致送寿屏十六副，为此让其幕僚张一麐和张逊之两人撰文书写。张一麐觉得蹊跷，因为袁世凯幕府中不乏善做此种应酬文章的专才，何必让他们两个勉力而为？后来旁人提醒他：“府主（袁世凯）知道南皮（张之洞）是文章山斗，善骂人，你与逊之皆出于南皮门下，南皮要是以为寿屏写作不佳，那就是骂自己的门生了。”这等交际小事袁世凯尚且如此钩心斗角，一则可见其真是心思缜密，精力旺盛，一则也可见其对于张之洞这一类科场折桂者的微妙心态。在文苑方面袁世凯虽自知不如，却也要拼力相抗，不甘自辱。这种昂扬斗志，也许是所有风云人物都必备的气质吧。

晚清的清流领袖吴大澂，是同治年间的进士、翰林，还是声名卓著的书法家、古董收藏和金石学家，可谓世代书香。他自从结识袁世凯之后就对其才干激赏不已，誉之为“天下奇才”，以至于在他已经官居河道总督、袁世凯还只是三品衔升用道时，居然反过来求到袁世凯门上攀亲戚，要将其女下嫁给袁世凯长子袁克定。袁世凯既感知遇，更觉羞惭，于是在给袁克定的家书中特意叮嘱：吴家翰林学士成群，克定“须十分下功夫读书，方可见其岳翁，不至贻笑”。这并非觉得亲家翁官高难攀，而实在是羞于自家科第不旺，难以“门当户对”。袁世凯虽一生都以事功自期，但这事功的基座上，没有点缀些文藻，他终究不免遗恨。这种谦恭和遗恨，也许代表着中国政坛上即将崛起的武力，对文化权力的最后一次致敬。

因为科场的蹭蹬，袁世凯一步步走进了疆场，这是他个人的幸运。对于其他千千万万尚鏖战于科场的中国读书人来说，1905 年科举的废除，也许就终结了所有的人生梦想。

在那以前，中国的书斋总是通往人生富贵与政治权力的殿堂，读书人的命运循着单调的河道流淌，他们是数千年的中国政治中，当之无愧的“权力祭师”。然而，自晚清“三千年未有之变局”来临，中国文明中经典知识的神圣性被不断挑战和质疑，天文、地理与物理，社会、政治与人伦，所有的知识体系与秩序都在晃动、在解体。作为这些知识的载体与培养基的科举制度，和存身于这制度中的读书人群体，都逃不过同样的命运。被科场放逐的他们，其命运“分流”到不同的方向，要么取径诸行职业各安其命，成为教师、律师、医师、工程师或编辑、记者、书记等等现代社会创造的职业，要么游荡于都市，结伙成群，酝酿革命，试图延续知识和权力的隐秘姻缘。

读书人耕读仕进的社会秩序慢慢消失在西方枪炮送来的硝烟中，原来游走于社会政治秩序边缘的军商两界急剧地侵入了权力的中心。持续数千年的“士农工商”结构在裂解、位移，城乡一体的田园诗将被激昂的进行曲取代。在持续百年的大动荡中，那些走入疆场的人，也取舍异途，要么汇入革命的洪流，成了“革命军”，要么成为军阀，成了后来所谓的“反革命”。在这大转折的时代，走入疆场的袁世凯成了现代军阀的“总教头”，开启了近代中国的“武夫治国梦”。

2. 文人与事功

科场和疆场的对立，隐含着“文人”和“武夫”、“文治”和“武功”的关系。毛泽东常嘲弄知识分子“皮之不存，毛将焉附”，然而，自古以来，手摇羽扇、头顶纶巾的文弱书生，却是历史风云中少不了的厉害角色，春秋战国时凭三寸之舌横扫六合的苏秦、张仪不说，大名鼎鼎的诸葛孔明，不就是“文人参政”奠定宏图大业的绝好“案例”？司马相如一篇辞赋可让汉武帝回心转意，骆宾王一纸檄文可让武则天胆战心惊。说起来，在扰攘纷纷，如走马灯般上台倒台的帝王将相背后，何时少得了几个摇笔杆子、摇扇子——当然也有摇尾巴的——的文士？有时候武人固然能够成事，可若想经营天下，没有笔接千载、文驰瀚海的几个精彩文人指点，却也不易成功，所以，真正的“帝王之业”，必少不了文人的赞襄。

袁世凯是否看到了这个惑人的历史“怪圈”？很可能他年纪轻轻就已

经深明此中五味。他一生在政海中争雄，使将出来的“帝王”手段让人叹为观止，其中很少为人觉察的就是这“优容文人”的一招。

如果我们考察1912年民国成立以后历任统治者的文化政策，则不能不惊异鲁迅早年的批评不无道理，鲁迅说这些当政者中，只有袁世凯略知怎样对待知识分子对稳定统治最为有利，利用他们做“领头羊”来引领羊群，相形之下，“后来的武人可更愚蠢了”。史家袁伟时先生据此说，袁氏当政的时候，革命如章太炎，守旧如王闿运，背信如刘师培，保皇如康有为，善变如梁启超，颓废如严复，有个人野心如杨度，这诸公无一不是文名震天下的狂放之士，性情各歧异，政见相抵牾，而袁世凯都能包容优待并为己所用，这种气度和手腕是后起者如段祺瑞、蒋介石之流望尘莫及的。他没有因自己科举功名上的挫败而嫉视科名之士，也没有因不断受辱于文士狂夫而饮恨成狂。

民初章太炎以袁世凯所颁勋章“作扇坠”，于袁世凯的总统府大厅中摇扇叫骂袁世凯半日，袁世凯竟不敢出来置一词，而且终了也没有加害于章氏。史学大师湘潭王闿运，当袁世凯复辟邀他作劝进之举时，开出“王闿运”三字一字十万元的高价卖名，正处在登基前亢奋中的袁世凯大喜过望慷慨答应，并且电湖南都督汤芗铭先付十五万。未几洪宪帝制垮台，王闿运居然还惦记那未到手的十五万元，派自己的“贴身”老仆周妈来北京要账。袁世凯此时万事不顺，哪肯再付这冤枉钱，以皇帝没做成现在也没钱婉拒，说是让她先回，钱随后汇到。哪知这周妈竟精明透顶，不依不饶，日日到袁世凯居处纠缠不休，说我家老王当初在劝进书上具名可没有保证你做成万世皇帝，你堂堂一国之君说好价码怎能出尔反尔，再说你为当皇帝花的钱数都数不清，怎好意思卡着我家老王这点小数目。这样一说，袁世凯大窘。而当袁恼羞成怒威胁这老太太时，老太太干脆撒起了泼，坐在堂前地上大哭说这死没良心的老王让我到北京来送死，你袁世凯一个大皇帝怎么好意思杀我这手无寸铁的老太婆。这位杀人无算的枭雄袁世凯居然毫无应对之策，只好把周妈安顿在家里，让自己最宠爱的姨太太陪她闲聊游玩，意图动之以情。可玩完吃喝完，周妈照样要债不误。

这一段民国著名的讨债公案，不管细节有多少夸张失实，但周妈缠斗袁世凯之事，却也大体不虚。大家都把这事当笑话看，笑话袁世凯复辟不成的丑态。其实今日我们转念一想，要不是袁世凯“优容大度”，哪有什么周妈讨债这样精彩的戏——搁在别人手里，十个周妈也成了泉下之鬼。再想想段祺瑞当政时其卫队街头射杀学生，张作霖、张学良等绞杀教授李大钊，和蒋介石当政时暗杀杨杏佛、李公朴、闻一多，自此往后，真是一代不如一代。

虽说袁世凯对文人学士向来采取笼络办法，但他还是担了不少摧残文化的恶名。这其中有些当然是他为了攫取政治权力而不得不为的下作手段，有些则是冤枉的。比如民国初年，暗杀名记者黄远庸的著名案件。黄远庸是民国初年和梁启超、章太炎齐名的舆论界领袖，“新闻界之巨子”，著名记者，所写专栏“远生通讯”在当时政界有极大影响。他对政界各种内幕和丑恶现象大加笞伐，得罪了不少要人，因此于1915年远避美国（他预先知道有人要暗杀他），却于当年12月27日被人暗杀于旧金山。一时舆论大哗，均认定这是袁世凯指使，因为袁氏称帝，黄远庸批评得非常厉害。前有宋教仁一案，这次轮到黄远庸了，袁世凯实在无以自解。

待到暗杀黄远庸一案真相大白，已经是袁世凯作古七十多年以后了。1980年代，当年的凶手在台湾临死前道出真相，刺杀竟是中华革命党美洲支部指使，由后来的南京国民政府主席林森直接指挥，而当时中华革命党党首即是中华民国的“国父”孙中山。革命党为何要暗杀区区一记者？原来，黄远庸的报道不止批评袁世凯，对孙中山等革命党人也冷嘲热讽，加上黄远庸文笔了得，影响广泛，孙中山大恚，必欲去之而后快。结果袁世凯为他背了这个“黑锅”。就这一案来看，有些革命党人对文人的肚量是比不上袁世凯的。袁氏此时已宣布洪宪帝制，以“中华帝国皇帝”之尊，尚能容得下黄远庸，革命党在野之身，竟容不得一介报人。可见袁氏能得天下，毕竟有其过人之处。在袁当政的民国时期，政治权力多少还要以金钱来收买操纵新闻舆论，以后当政的军阀和南京国民政府，就连收买的本钱都可以省掉了。著名记者邵飘萍反袁而未死于袁之手，乃被张作霖捕杀；著名报人林白水被张宗昌的“智囊”指令于光天化日之下枪毙于天桥南大道，影响巨大的《申报》董事长史量才被蒋介石授意暗杀于沪杭道上。

袁世凯礼遇文人，任用文人，笼络文人，这一特点甚至可以说是他能够成就功业的不二法门，由一桩小事可见其中关窍。

袁世凯在直隶总督任内，编撰一部“步兵操典”，请他很器重的幕僚张一麐（字仲任）修改，修改完了，他又叫过来一位天津武备学堂毕业的高材生，督练公署教练处的总办何宗莲来审核一遍。一天，他当着张一麐的面问何总办这部操典怎样，这何总办不知在座者即修改者张一麐，乃直言道：“回大帅的话，这部操典由日文译过来后，并没有什么不妥之处，提出修改的地方有点吹毛求疵，只好逐条驳回。”袁氏闻得此言，当即沉下脸来："你们武夫，懂什么文墨！""你们知道修改的人是谁？就是这位张仲任先生！张先生经济特科一等第二名，文字一道，难道你们还不服？"他毫不留情面地教训这位总办，"越是肚子里有墨水，人越谦虚。唯有半瓶醋，才会晃荡！你把稿本拿回去，仔细再看！看完了好好向张先生请教！"何总办唯唯退去之后，张一麐倒不好意思了，说大帅的词色太严厉了。袁世凯说："对此辈不能假以辞色，尤其不能让武的压倒文的。否则，必有惹祸的一天。"袁世凯一死，他的话不幸而言中。

后来袁世凯当了大总统，段祺瑞组阁，非得要求自己的心腹，也是军人出身的徐树铮，来当国务秘书。袁世凯大发雷霆："什么官都给挎东洋刀的当去了，总得留几个给学文的当吧！"为此不惜得罪段祺瑞。当然，此论中也隐隐透出袁段之间争权的刀光剑影。

袁世凯深明武人干政终将乱政的道理，所以终其一生，他都将文人的地位摆在武人之上，虽然他心知肚明，武人才是他基业的真正柱石。后来袁世凯称帝时，张一麐大加反对，其劝谏之说中有如此一问："公要称帝称王，自为之便可，即不然，得群雄拥戴，也是办法，何必假手一班文士，来制造民意？"此时的袁世凯，对张一麐真称得上"推心置腹"，他答道："我不愿开武人干政之端，且不经制造，安有民意？这事我自有权衡，那些武人对君将有不利，你少说些也好！"张一麐怒道："如不能管束军人，称帝的后果也可想而知了。"到后来，帝制如密雨急弦一般紧张进行时，在一次会议筹备登基大典时，张一麐仍持反对态度，然说不到几句，跋扈的倪嗣冲瞪起眼来，将手枪拿出来往桌上重重一拍，险些当场就动起武来。民国政风，于此已见端倪。

晚清著名封疆之中，张之洞以幕府中人才鼎盛出名，但张之洞之事功，虚张声势之事所在多有，论起真正实绩，袁世凯高出侪辈甚多，其原因，主要就在于袁世凯手下有不少文人能员，比如帮他兴办新式教育的严修。甚至袁世凯还大力任用清朝派往美国留学的第一批留学生，为这些稀缺人才提供了广阔的施展才华的舞台，如帮他主持修建交通的詹天佑、帮他打点海关的唐绍仪、梁如浩、梁敦彦，帮他创办巡警的曹嘉祥，这些人都是袁世凯一手提拔起来的中国现代化先驱。袁世凯初登临时大总统之位，就让唐绍仪从海外招募了不少留学生，分布到中央枢要机关，放手任用，他们的专业大都是政治学、国际法、外交或人文学科，顾维钧即从这批人中崭露头角。

再看看后来袁世凯预谋称帝，锣鼓震天响，真正响到点子上的还是那几个文人敲出来的。有人说，袁世凯称帝的时候，对于冯国璋段祺瑞这些向来倚为干城的武将并不透露底细，有时甚至故布迷城，就是不愿自己的帝王之业成于武人之手，以免反受其所制。他为了自己的龙椅安稳，干脆不让自己的几个大将参与帝制核心机密。不过，复辟一事，文人卖力是卖力，却无异于将他往祭台上送，这可是帮倒忙了。

袁世凯做到这样大肚能容，对文人高看一眼，也是在官场上滚打了许久之后。再回过头来看吴长庆营中的袁世凯，他初出茅庐时却是锋芒毕露，甚至和吴长庆幕府中一帮文幕闹了一场不小的冲撞。这缘于袁世凯的才性与大环境的冲突。

3. 才不才与用不用

有句老话说："才不才，在我；用不用，在天。"才具不尽来自天赋，也来自个人修炼。但才具是否得展，更多的还得靠"天"——机遇。可是，中国人又喜谈"天人合一"，这其中也许还另有一层深意。

人生机遇很大程度上可归结为你"遇"到什么样的人，所谓的"遇合"，不外乎此，成功靠人生路途上不同的"贵人"关照，这不独古今一理，中外也无异。没有人能够一人只手撑天，也没有人能够一人一往无前，他之所以能够渐行渐高，总有人前后左右推拉拥佐。那么，成功的一个诀窍就在于怎么寻找、怎么掌握这些"关系"。其实成功者和庸碌者的一大区别，也许就在这里：成功者像嗅觉灵敏的猎物一样知道什么人是关键人物，知道如何赢得这些关键人物的关注，引来这些人在他自己身上"下注"——投资于他的前程。

袁世凯就是具有此类灵敏嗅觉的猎人，他能迅速地捕捉各种权力关系中的潜在脉络，将这些脉络一丝丝往自己身上牵连，最后就可以躺在这千丝万缕的权力经纬中，左右逢源。且看他如何编织这张关系之网。

前面说了，袁家和吴长庆是世交。他这次投奔吴长庆，有人说是因为在家乡忤逆了同族长老。此说不必当真，很可能青年袁世凯也如一般志在四方的年轻人一样，只是出外寻门路，而以他当时的状况来看，能攀到的最好关系也就是儒将吴长庆了（《清史稿》评吴长庆"好读书，爱士，时称儒将"）。据说本来他被推介给声威更显赫的淮军大僚刘铭传，而刘氏眼界甚高，或一时走眼，未见用，转介于吴长庆。在登州，吴长庆虽然出于交情对袁照拂有加，但未必就视其为"大器"，他开始还只是给袁一份干薪，并请幕中文士督课，希望他专心读书中举，毕竟，科场折桂才是仕进的正途。他开始的确是看走了眼，没看出袁世凯不是一般的器，不能以平常规矩衡之。他之任用袁世凯，还是出自当时幕下张謇的推荐。

说起来，是因为吴长庆要求张謇教袁世凯作八股，张謇出题一考察，则袁世凯文字芜秽，不能成篇，简直无从删改，老师和学生都苦不堪言，袁世凯甚至为此折磨而大病一场。可是，只要叫袁世凯办理寻常事务，则雷厉风行且井井有条，无不像老手作文章一般倚马立就。且袁世凯志气高迈，指点江山，纵论世界局势，识见超卓。比如早在中法战争爆发前，他就指出，“法兰西侵略安南（今越南，当时和朝鲜一样是中国藩属国），扰及我南洋沿海，指顾之间，战事将起，假如对法失败，则列强或将群起瓜分。”他对张謇叙说心中大志说，我家有良田，也不缺资财，投军并不是为了糊口，是看到吴公守海防重镇，需才必多，正是大丈夫报国之秋，不料到这里才发觉吴公温文尔雅并无出战之意，如果不能谋个施展才能报效国家的差事，恐怕我也不会长久甘于此处。二人在营中日相议论切磋，张謇从袁的言谈举止中看出这人将来必有一番作为，于是向吴长庆竭力推荐袁，从而有吴长庆转委袁世凯营务处帮办一职，使他由文职转为武职。从此，袁世凯正式踏上军旅。

袁世凯曾受教于张謇，并且给张謇留下深刻印象，这一点对袁世凯后来的事业至关重要。但就他当下的处境来说，最关键的还是要取得吴长庆的信任和重用。取得上司信任的方法有很多种，但统而言之却只有一个途径：让上司高兴。然而，不同的上司有不同的高兴事。像张謇这一类心怀天下的书生，绝对不喜欢谈风花雪月，更不喜谈脐下三寸之事，感时忧世的豪言壮语，就能够拨动他的心弦。而像吴长庆这一类精明干练的儒帅，最看重的是能为他分忧办事的真才实干，所以将事情办利落就是邀他欢心的最好法门，此外哪怕谀词如潮也是白搭。得到营务处帮办一职后，袁世凯很快立定了脚跟，做得有声有色。他勤恳利落，勇于任事，尤其难得的是不用私人也不徇私情，这一下真让吴长庆大为欣赏。从现存袁世凯书信中，时见他对于长庆对其关心、厚待、督责、礼遇与放手任用的感恩之语，可见已获得吴长庆的异常恩遇了。这是袁世凯靠自己的办事才能登上的第一个机遇台阶。

他也有专靠钻营而寻门剔缝的时候。甲午战后，袁世凯一度失意，思谋练兵以图进取，于是招人译撰兵书。可是书成却无路进献。他想到此时当权政要惟荣禄还算有些见识，而且他在皇上太后面前说得上话。问题在于此时的袁世凯和荣禄向无交情。这难不倒他。晚清笔记史料中记载了袁世凯结交荣禄时的一次钻营，其苦心孤诣可见一斑：袁世凯打听到有个叫豫师的人，是荣禄所敬佩信服的人，这豫某人和军机大臣阎敬铭交情深厚，他们俩同是一个叫路德的人的八股入室弟子。袁世凯顺藤摸瓜继续找，发现这位路德先生有子弟在淮安为官，而袁世凯的妹夫张镇芳老家也在淮安，张家和路家应该相识。于是袁世凯大喜过望，托张镇芳深情厚礼请得路氏某子弟来京，留为上宾，由此人而得以晋见阎敬铭，由阎敬铭而交通至豫师，由豫师而终于得以拜见到了大权在握的荣禄，一见之下，荣禄果然十分欣赏袁世凯之才识，这才有袁世凯受命小站练兵之人生大转机。

这一番曲折摆出来，不得不让人感慨在中国做事之难，也不得不让人惊叹袁某钻营有术。不过，可以断言，袁某如果无才，任他生就金角大王的头角，也绝对钻不出偌大场面来，如果不是大清朝在甲午一战中输得太惨而图振衰起弊，袁世凯也不会有如此好的机会来施展宏图。这就是“用不用，在天”。

总之，才不才，固然在我，用不用，却也不必在天。

再说这年七月，吴长庆大军开拔，按军令需在七日内全部出发，可动员起来，才知淮军暮气沉沉，拖沓敷衍，毫无锐气。这时张謇向吴长庆进言，要求启用新锐，其意中人物就是这位八股弟子袁世凯。事有凑巧，当军队即将登陆朝鲜时，吴长庆命一营为先锋，而其营官却推脱说，连日海途颠簸，士兵呕吐，请大帅稍宽时日。长庆大怒，立马将其撤职，命袁世凯代理，并颁给令箭说，如有不从者，就地正法。

等待了多少年，袁世凯一朝令箭在握，终于可以大志得抒了！他等到了这个机会，也把握了这个机会。

两个钟头，袁世凯就将营队整肃得服服帖帖，一切就绪。次日登陆，袁军一路如疾风偃劲草，直奔朝鲜王京。长庆大军随后跟进，入内陆五十里，则见袁世凯数骑在前迎候，说是前面路途安全，一切安顿之处准备妥帖，请大帅升帐。长庆看到他如此精干，指挥若定，大为满意。进得营帐，袁世凯才说：“现在有要事禀报大帅！”长庆说：“好好，你说。”袁世凯说，所带营队中有兵士劫掠鱼肉百姓。长庆闻说，乃拍案大怒，大声喝道你为何不严办！世凯连声应道：“喳！喳！我已经请得令箭正法七人，请大帅验明首级。”这一下，长庆大出意料，笑逐颜开，连声说：“好孩子，好孩子！果然是将门虎子！”经此一番考察，从此吴长庆对袁世凯的才干更无怀疑。而袁世凯也因此得以在朝鲜立足，先后长达十二年之久，始终处在对抗日本的最前沿地位。

袁世凯斩得七颗人头以立军威时，尚不足二十三岁。

4. 危机与转机

朝鲜乱局是以中国“天朝上国”为中心的东亚文明体系面临的危机，这一番局面，不仅是东西方实力的较量，也是东西方国际秩序观念的大冲突，是附于枪炮之上的西方主权国家观念与东方天朝观念的碰撞。此前中华文明朗朗上口的是“远人不服则修文德以来之”，几场战争之后，念叨的则是“落后就要挨打”了。

然而，对于政治人物来说，有危机的地方就有机会。对庸人来说是危险的地方，对强者来说反而是挺身而出、树立形象的最好时机。庸人之所以为庸人，也许是因为他只能看到危险，却看不到，也没有勇气去抓住危险之中的巨大机遇，所以他们永远四平八稳、毫不起眼。而强人则不然，他们喜欢冒险，而且愿意为这冒险承担责任，于是往往冒险成功之后，他们就脱颖而出。

看看袁世凯一生的几次巨大跃迁，哪一次不是在巨大危机之中实现的？1894 年，在大局糜烂的甲午战后，袁世凯抓住时机掌握操练新军的大权；1898 年戊戌政变，袁世凯获得山东巡抚的厚赏，从专任官员一跃而为方面大员；1900 年庚子事变，袁世凯更是借机取得慈禧太后和洋人的信任，随后得到直隶总督这个大红印把子，终于可以操纵朝局；1911 年的辛亥革命，群雄逐鹿，他更是将大好江山收入囊中，登上了功业的顶峰。

这种把握机遇的本能，是袁世凯的天赋，也是晚清其他几个巨头所望尘莫及的本领。这种天赋在袁世凯早年从军朝鲜时就表现出来了。

在壬午兵变中，吴长庆等人倾向让闵妃重新掌权，于是设计智擒大院君李昰应，将其迅即移往中国军舰，后送至中国保定软禁达三年之久，以消弭朝鲜内部政治势力的冲突。朝鲜兵乱很快平定，吴长庆军驻扎朝鲜。

1884年，这时中国南疆果如袁世凯所预言，中法在越南开战，战事往北蔓延。5月，吴长庆率三营淮军回防中国北方，仅留三营军队驻防朝鲜汉城，袁世凯是驻军的三位长官之一，任军务帮办统率一营军队，并帮助朝鲜训练军队。处心积虑欲吞并朝鲜的日本这时候看到机会，日使和朝鲜国内亲日派开化党人勾结发动政变，劫持国王，处决亲华派。这就是朝鲜的"甲申政变"。这时中国驻军领袖、提督吴兆有急忙请示北洋大臣李鸿章，欲待北洋定夺对策，但此时朝鲜与中国不通电报。袁世凯一看，这等紧急时刻，哪里还等得及国内研究之后发指示，力请出战，救出国王。那两位军事长官不肯"擅作主张"，怕承担责任，最后经不住袁世凯严厉要求，决定出兵干涉。袁世凯一人带队直冲王宫，苦战数日，将朝鲜国王救出带往清军大营。日使和朝鲜亲日派看大势已去，再不可能"挟天子以令诸侯"，连忙狼狈出逃。

甲申朝鲜一役，若不是袁世凯一人临机应变，敢于负责，力主开战，则朝鲜不必等到甲午战争，早已脱离中国。这一点，是连那些最鄙薄袁世凯的人也不能不承认的。这一次胜利，是中国在朝鲜和日本交锋的第二次，也是最后一次胜利。袁世凯赢得主持北洋大政的李鸿章之刮目相看，就是从这里开始。

甲申一役，袁世凯虽然暂时保住了大清朝对朝鲜的控制权，他自己却反而陷入了困境和危机。但他很快把这危机变成了千载难逢的机遇！

他的困境来自两方面。一方面，他年轻气盛，遇事专擅，揽权自用，权力欲极为旺盛，不容于当时驻扎朝鲜的其余中国官员，这些人大多是吴长庆淮军的积年旧部。他被吴兆有等人参劾，理由则是他“蓄养官妓，贩卖烟土，贪污军饷”，直气得他大叫“官运恶极”。而且他平定政变后，不经请示即挪用大笔军饷抚恤被亲日派杀害的朝鲜大臣，出手非常阔绰，并且要求李鸿章将这笔款项作为正当开支报销，遭到李鸿章严厉训斥，谓其“纯以银钱买结韩人之心”。后来袁世凯不得不自己赔付了这一大笔抚恤金。另一方面则是日本反戈一击，向清朝政府提出抗议，指责袁世凯妄启衅端，应负甲申事件的责任。与此同时，日本不肯善罢甘休，积极布置，陆续向朝鲜增兵。朝鲜的局势朝不利于中国的方向发展，而这时候中国和另一强敌法国的战争在华南正打得如火如荼。刚刚摆平十几年的洪杨和发捻之乱，且又力战收复新疆的中国，已经被连年战争拖得奄奄一息，怎么可能再经得起南北两端同时和两个国家开战呢？内外交逼之中，清廷派出吴大澂、续昌为特使到朝鲜来调查袁世凯。吴大澂出身清流党，向来主张对外强硬，但这一次形势如此严峻，朝廷该如何处置袁世凯？

袁世凯在他几十年的军政生涯中，第一次面对一场严重的个人危机。这场危机并不关涉到他对军国大事的判断对错，而是关涉到他在中国特有的官僚政治体系中是否能够适应的问题：他破坏了这个体系长久维持的某些原则，让那些靠这个原则而得安宁的人感到不安，以至愤恨。

甚至袁世凯最初的赏识者张謇，对袁世凯也不能容忍。在一封致袁世凯的信中，他揶揄道，“謇今昔犹是一人耳，”而袁世凯对他的称呼，则“老师、先生、某翁、某兄之称，愈变愈奇，不解其故”。因为袁世凯升迁得太快了，而他这时候根本不懂得掩饰自己对权力的欲望，和大权在握的那种得意。当他只是一营前小卒时，他谦恭懂礼，“谦抑自下，颇知向学”。可是一旦大权在握，他就对耆老旧宿颐指气使，张狂跋扈，整军发令免不了对这些长者辞严色厉，这岂非正是典型的“小人得志”。想来，张謇念念不忘的是这样一幕：袁世凯刚刚率队登陆朝鲜时，在路边迎候长庆和张謇，当长庆捻须微笑对张謇说，慰庭不错，不枉你老师推重的时候，袁世凯诚惶诚恐滚鞍下马，连连磕头，连声向长庆和张謇说，谢大帅提拔，谢老师夸奖。这时候的袁世凯真让张謇感到欣慰啊，他怎么说变就变呢？

而且，袁世凯向上爬的欲望如此强烈直露，以至于他不顾中国官场一般的交往原则来扩大自己的关系网络。按照传统的看法，袁世凯是吴长庆提拔起来的，他就应该对吴长庆保持个人忠诚，可长庆虽是淮军系统出身，却和淮军老大李鸿章在政见和私交上均不洽。以袁世凯的战略眼光，他当然看得出吴长庆终其一生不可能取得和权倾天下的李鸿章相抗的地位，而且长庆 1884 年就病死军中，依靠吴长庆这棵小树，袁世凯是不可能乘到多少荫凉的。所以袁世凯驻在朝鲜的时候，就想尽办法交结李鸿章，赢得他的注意，这是他继续获得权力的必经路途，以袁世凯的为人，他不可能为了吴长庆的知遇之恩而牺牲自己一生的政治前途。

以后袁世凯在很多重要关头都毫不犹豫地在各种权力靠山之间腾挪转移，一点都不觉得矛盾为难，这般举动是由他对政治权力的欲望所决定的，换句话说，这是他的活动原则。但这样的原则在张謇这样看重“一仆不仕二主”的人来说，就是背叛吴长庆，辜负吴长庆的提拔，而背叛自己的“恩公”，这在袁世凯所厕身的政治环境中，绝对不是什么光彩的事——这是一个道德原则问题。张謇邀集吴长庆幕中几名袁世凯的故交，写了一封致袁的绝交信，尖酸刻薄地把袁骂得一无是处。

袁世凯没有对这封信作答。他不善、不宜——或许还有不屑——对此作答。他们两人从此不通音信十余年，直到甲午战争的时候，才再度相晤。这时候的袁世凯已经不是当年的袁世凯，张謇也不再是当年的张謇了。中国的政治改变了他们性情中很多本来最率真的东西，教会了他们掩饰自己的欲望和真实想法。这是他们的幸，抑或不幸？

至于那些和袁世凯在朝鲜共事的吴长庆旧部，则更有愤恨的理由，因为他们花了多少年积累的资历，在这位年轻人的眼里直如无物。袁“由食客而委员，由委员而营务处，由营务处而管带副营，首尾不过三载”。他二十六岁的时候已经官至三品。更难受的是，他们享用已久的某些特权，被这个半路杀出的毛头小子剥夺得所剩无几。前面说到袁世凯初露头角是因为治军极严，杀戮狠当。可是，军队骚扰民间向来是清军的传统，放纵部下掳掠有时候是鼓动军队斗志的一招，而且统军将领多少能从部下掳掠中得到点实惠——据说曾国荃攻克太平天国的南京时就得财无数。驻扎朝鲜的清军将领除了吴长庆这样的儒将，是没有人具有战略眼光的。他们不会将清军在朝鲜的作为放到整个中国战略全局中考量。但袁世凯虽不过二十出头，却视野宽广、深谋远虑，具有世界眼光。他知道清军在朝鲜军纪弛坏，将严重危及中国在朝鲜的势力，这和军队在国内骚扰民间影响完全不一样，他看出让政变中受害的亲华派朝鲜大臣迅速得到安抚和支持，是保持中国在朝鲜支配地位的一个关键，所以他大胆将军饷挪作抚恤费。袁世凯绝不贪财，这是他一个少为人知的特点。

《容庵弟子记》是袁世凯幕僚撰写的记叙袁世凯早年在朝鲜活动的“回忆录”，其中多粉饰赞颂之词，但也保存了不少难得的史料。其中记载袁世凯禁止军队骚扰民间：

“将多吴公（吴长庆）旧侣，素骄纵，复多谗阻，公（袁世凯）因曰：禁骚扰不难，得帅信非易耳。吴公默然。逾日滋扰愈甚，公入帐请吴公出外，仰观山坡，遗物堆集。吴公问何物？公曰兵丁掠民间什物，其粗劣者委弃于道也。又曰王师戡乱，纪律若斯，贻笑藩封，玷辱国体，帅其勉旃，我请从此辞矣。吴公大惊变色，誓曰：请汝放手为我约束，有听谗谤者，非吴氏之子孙。公乃传令各营，有入民居及杂伍者斩。适有犯令者，立斩数人传示。有韩绅控奸戕其妇者，公徒步往查，亲督搜捕，竟日夜不食，卒获手刃之，厚恤韩绅家。滋扰稍敛，然仍未绝。

“有武弁凌辱韩人，公执，将戮之。吴公亲造公室，乞贷一死，坐久不去。公故以案上图书请吴公阅，潜出斩之，入而请罪。吴公大笑曰：执法固应若是。吴公戚属有在军者，吴公常戒以汝勿犯法，袁某不汝恕也。”

从这几件事可以看出袁治军的严厉，虽然过于张狂跋扈，对于散漫的清军却是对症良药。可是以二十出头的毛头小伙来整顿大军，那些老将何以自处？所以袁世凯在这样的环境中感到压抑排挤也是题中应有之意。

在以后漫长的政治生涯中，袁世凯在中国这个注重个人人际关系的特殊政治网络中总是如鱼得水，游刃有余，甚至可以说，他之所以能够靠种种不登大雅之堂的手腕取得显赫的权势，完全是因为他饱浸在中国这个政治“酱缸”里，他深知这“酱缸”的各种成色。可是他初登政坛的时候，却是如此“幼稚”。这种“幼稚”，在以后的袁世凯身上再难直白地见到了——他改弦易辙了。

吴、续两位钦差刚抵达朝鲜马山浦，袁即于第一时间派人将叙述事变经过的书面报告呈上，动作迅速而又恭谨，全无倨傲之态。到得汉城，不待传唤，马上亲自谒见，当面辩解，言词恳切。最关键的是随后发生的事情完全改变了两位钦差的先入之见。

朝鲜当时尚是中国的藩属，按照礼仪，“天朝”来了钦差，韩王应该首先亲自拜见钦差，行礼如同天子亲临。但是这时候的朝鲜已经看出大清帝国外强中干、奄奄一息，加上欧美列强和日本与朝鲜交往日多，也让朝鲜开了眼界，朝鲜再也不肯对清朝服服帖帖了，首先就不愿以臣子谒见天子之礼来接待钦差。所以吴、续两位钦差来到朝鲜先就碰了个钉子，个人面子不好看、架子端不上是小事，失了“天朝上国”的颜面，可是丢官的大事。但他们也不可能将这韩王强行拖出来摁住磕头啊，所以彷徨无计，愁眉不展。这时候袁世凯说，小臣或可效力一二，可以唤得韩王来见。钦差大喜，促马上去办。结果不多一会儿袁世凯果然把韩王招来了。原来，袁世凯在朝鲜的两年时间里，用心耕耘，借着帮助韩王训练新军的机会，结交一大批朝鲜大臣，他又是一位铁腕人物，而韩王生性软弱，所以他在朝鲜政局中有举足轻重的地位，他说了不的事情，朝鲜绝对难以说是。加上这次他冒死把韩王从日本人手中救出来，说话就更有分量了。事变平息后袁世凯为防变故，住进王宫，日夜直接监视李熙，并要求朝鲜各部大臣直接向他汇报政事，由他决断。所以他说要韩王来见钦差，韩王有一万个不愿，也不敢不来。

袁世凯做的这一件事情，说大不大，说小不小，但是真正搔到了这两位钦差的痒处，使得他们对袁的才干刮目相看。对于下级来说，上司最犯难的事，是头等大事，能解决了这大事，比送上一箩筐的黄白之物还管用，毕竟，尽管有钱能使鬼推磨，但人世间还有那鬼都推不动的磨，这时候就需要找对人了。

接下来，就是钦差去韩王宫中回礼。袁世凯护送两位钦差，在路上，这一队人马居然看到一帮朝鲜百姓正在路边忙着树木牌，写着斗大的字赞颂袁世凯对朝鲜的功德。突兀之间，两位钦差满腹狐疑地看着袁世凯，以他们久经官场的见识，当然怀疑这是袁世凯授意，意在邀功。袁世凯大窘，踢马上前，和卫士一起使劲鞭笞驱赶这帮感恩戴德的朝鲜顺民。最有意思的还在后头。会见结束，钦差大臣出来的时候，在路上看到这一群被袁世凯打散的朝鲜百姓又跪在路旁，手持歌功颂德的木牌，神情凄切而又激动。这一回，钦差们若有所思，再无怀疑了。他们真的相信袁世凯在朝鲜不止为维护大清帝国的利益出生入死，而且也深得朝鲜君臣上下爱戴。这样一位才干卓越而品性贤良的二十多岁的年轻人，竟然被人指斥为品行不端的劣员，这当然是诬陷。

所以，钦差回朝之后，对袁世凯的考语是极为难得的优叙。他们说袁劳苦功高，不但不追究他的责任，反对其竭力劝勉。且看吴大澂回国后对李鸿章如何盛赞袁世凯："公向谓张幼樵（张佩纶，李鸿章的女婿）为天下奇才，我见天下奇才非幼樵，乃袁某也。"回京后他又广为袁世凯揄扬，称其"才堪大用"，真是"到处逢人说项斯"。不久他以名翰林兼开府大帅的地位再三央求与袁世凯结为亲家，（袁开始怕门第悬殊而不答应，后来吴请出袁世凯四叔和李鸿章等人才说服他。）就是看准了袁世凯如此才干品性，将来必成大器。钦差唯一的小小的劝告是，他不要再把军队驻扎在朝鲜王宫了，自己也不要住在韩王隔壁宫室了，因为这会引起日本政府的猜疑，为其挑衅提供借口。经此一番变故，李鸿章对袁世凯也日益重视起来，不久，他在保荐袁世凯的折子上写下了这样的评语："血性忠诚，才识英敏，力持大局，独为其难。"李鸿章此时的得力臂膀盛宣怀，见到袁氏如此勇猛精进，前途实不可限量，居然极力一再要求和袁换帖结拜为兄弟。盛宣怀出道很早，完全算得上袁世凯父辈，此前袁一直以伯父称之，而且盛早就是李鸿章跟前的大红人，如今反屈身降辈与袁论交。几乎同样的命运转折，在十年之后袁世凯小站练兵被人参劾"滥杀无辜"时又重演了一次——这一回他得到的是满人大僚中最后的英才——荣禄——的赏识、回护和大力提拔。

这一结局肯定让那些参劾袁世凯的人大跌眼镜。他们不知道为什么会是这样一个结局，他们错估了袁世凯的天资和实力。

这场危机就这么过去了，以后很少有人再关注这场风波中的种种细节。可是，后来有一种说法，说韩王最初不肯以臣子之礼见钦差，是袁世凯授意，这是袁世凯为了在钦差面前标榜自己而出的主意；路上举着功德牌的百姓，也是袁世凯一手安排，他心计最为深沉的一招，则是算准第一次钦差会怀疑这些人被人指使，所以预先安排了第二次的拥戴。

果真如此，则袁世凯不止是天生的战略家，还称得上是天才的战术家。老谋深算，算无遗策，当年诸葛孔明也不过如此罢？不过，这世上的事，真真假假，虚虚实实，谁又说得定呢？袁世凯后来复辟，不就是借着那一拨拨“驱之不去”的“民意”和“劝进”代表，“勉为其难”地登上了“中华帝国皇帝”的宝座么？面对这纷纷纭纭的历史迷雾，只能说，袁世凯一生中的谜团太多，他在通往权力巅峰的路上踏出的每一个脚印，都可能是一个掩饰着的陷阱，留给后人一团团疑惧。

5. 大与小

在晚清政坛，有两位叱咤风云的人物，其待人接物及行事方式值得注意，一个是左宗棠，一个是袁世凯。这两人待人接物态度截然相反，但都凭着这颇具特色的态度而位极人臣。在一个讲究科举出身的社会，左宗棠只不过一介举人，却才气纵横，有经天纬地之能。可他性情刚愎，好擅权专断，不管是他隐居不仕的时候还是他手执国柄的时候，他都是如此德行。他在湖南巡抚骆秉章幕内任师爷，人只知有左师爷而不知有骆巡抚，其专断可见一斑。而且，这人绝不是一个好共事的人，和他同时代的封疆大吏他没有一个看得上眼，朝中大臣他和谁都合不来，连曾国藩、郭嵩焘这些对他有知遇援救之恩的人他照样抨击得罪，更不用说李鸿章这样的后起之秀。奇怪的是，他终其一生都不改这种脾气，却还是做到封侯拜相的地位。此中道理在于，他实在太有才干了，他的才干早已声名在外，掩也掩不住，埋也埋不掉。正在用人之际的大清朝少不了他。久而久之，刚愎不易相与，反而成了左宗棠的招牌，也就无人以此置喙了。而且人家对他之专断不易相处这一性情予以承认，倒给了他独当一面的大好机会。

袁世凯则是另一种典型。他出身比左宗棠还寒碜，连个秀才功名都没捞到，那就是连“学”都没有“进”过了，但他最终位列军机，爵封宫保，在有清一代的汉人中，以他的出身做到这一地步算是凤毛麟角了。他初出茅庐的时候，谦卑下抑，感人至深。可一有小权就要权弄计，飞扬跋扈。在遭人嫉恨算计之后，却又幡然变计，尽改前辙，以谦下待人为能事。即使后来他官封督抚了，他还谦恭得不近常情而近乎谄媚。他也练就了一番圆融通透的交结手段，使得任何权位不如他的人都受宠若惊，而权位高于他的人则心胸舒泰，极为受用，至于权位和他相当的人物，只要有可能，他也决不放过任何示好的机会。他赢得别人好感的秘诀，就在于“以小见大”，以一些不起眼的细节和小事来打动人心。

袁世凯记忆力惊人，对人名地名和别人的性情喜好天生敏感，任何人，哪怕和他只有一面之交，多年后袁世凯还能一见就叫出人家的名字，道出别人的籍贯，甚至当年见面的某些细节。这等本事常常让与袁结识过的人心中暗暗吃惊，既感到受尊重，又觉得此人精明不可欺。他对自己倚重的各种关系人物的性情爱好也摸得熟透。比如吃饭这样的小事，他在家吃饭吃到一个红烧大蹄髈，会吩咐侍从端一碗送到冯国璋家里，交代说“大总统用饭时，想起这个菜冯将军也爱吃，所以送过来让将军尝一尝”。甚至他早上吃个奶酪，也会吩咐送一份到冯国璋家里。有这样的上司，这部下只要有点血性，谁还不心怀感激？

《泰晤士报》驻华记者、袁世凯的顾问莫理循，和英国驻华公使朱尔典，都提到袁世凯是一个很有修养、待人亲切的政治家，因为，他不管多忙，在会见外宾的时候总是能够一口叫出这些外国人的英文名字，开心地和这些客人回忆曾经一起度过的欢乐时光。袁世凯对外文一窍不通，记住这么多彼此相差无几的外国人的名字和面孔而不混淆，这一点殊为不易。这些外国人见惯了顽固排外的满清大臣，忽然碰到这样一位对他们念兹在兹的人，心中的新鲜和对袁的好感自不待言，所以他们总是在不违背自己国家利益的基础上予袁世凯以支持，他们相信袁世凯是他们真正西方意义上的“朋友”——可以在彬彬有礼地做朋友的同时，赤裸裸地争夺利益，面无愧色地做各种上不得台面的交易。这一点却的确是袁之特长。

续昌曾和吴大澂一起赴朝查办袁世凯，但袁世凯反而赢得了两位钦差的交口称赞，袁世凯借此机会拜为续昌的门生。当续昌去世时，袁世凯在外写信给其堂弟，要其代袁氏致送葬仪，他还特意叮嘱说，最好是从银号将钱汇到续昌家中，尽量不要派差人送上门，以免续家孤儿寡母还要破费另外打发差人赏钱。我们看惯了人走茶凉的世态，而此种人已亡而情笃坚的“世故”，是何等难见。袁氏于此等小节也能心细如发为人着想，他平时待续昌之礼貌周全自是可以想见。其实，知情人说，续昌乃蒙古人，官位并非显赫，也无甚后台可供袁氏借力，他如此厚谊，是其为人的一贯风格。

如果说供奉逢迎位高权重之人，是当然之事，那么对于位卑权轻之人也能做到礼遇周详，就不是以“钻营”可以一言概之了。

袁和慈禧太后的大管家李莲英是结拜兄弟，按道理有此内应，他对一般的内廷太监就没什么好巴结的了。但袁世凯不同一般的地方就在这里，他绝对不会因为自己手里握了王牌，就看不上小牌。他是一个优秀棋手，每一个棋子他都能派上用场。庚子事变（1900）后，带领宿卫营负责守卫颐和园的张勋，和给慈禧太后兼办支房（即账房）的宠信太监马宾廷交谊密切，袁和张都与马是盟兄弟。有一天，袁与张同到颐和园，张在前行，马宾廷迎出来，招手让张进其住房，张说：“宫保还在后头啦！”马就在院中待袁，袁到，先跪单腿向马请安。照例，大臣没有先给太监请安的。这个事情，多少年后，马宾廷的后人还念念不忘，马宾廷当年的感激可想而知。

马宾廷的感激有何价值？让我们来看看政治游戏中一个不变的规则：在权力场中，越是接近权力核心的人，获得的权力越大，而晚清的权力中心无疑是那个常在颐和园游山玩水的“老佛爷”。要接近这位“老佛爷”，唯一的途径就是“投其所好”，而要做到这一点，首先就要知其“所好”，这种珍贵的信息，就只能由“老佛爷”周围的一帮人提供。所以，袁世凯得慈禧欢心的秘诀，就在他对马宾廷的那一跪之中！

像马宾廷、李莲英这样的人对袁世凯来说真是“妙用无穷”。因为恪于礼制，当时大臣召对时，都得埋头跪地，不敢抬头看皇上和太后，这样大臣召对时就难以从太后的表情来揣测她的喜怒。传言说，袁世凯和李莲英约定，袁低头看李莲英的双脚，他双脚叉开，就是老佛爷很喜欢听这样的话，双脚并拢就是太后不高兴了，不要再说。袁世凯就是这样来揣摩慈禧太后的心意，当然“应对无不称旨”。此种传言，不可当真，但李莲英在不少关键时刻助袁世凯一臂之力的事，却是史有明证的。

得罪这帮太后面前的红人，后果则是不堪设想。有人说，恭亲王被太后罢斥，其中一个原因就是他看不惯太后身边的太监，而醇亲王奕譞则识相得多：他和李莲英奉太后令至天津检阅北洋海军，始终不敢站在李莲英前面，只肯站在他侧面，虽然大清的祖制内监禁止出京。后来被沈葆桢按律斩杀的安德海当年是慈禧第一内廷红人，而恭亲王以天潢贵胄之尊并不买他的账。于是，安德海给慈禧布置日用排场时，故意找些破旧瓷器来用，慈禧诘问，安德海则构衅说，恭亲王交代要节省开支（恭亲王的确是一再阻挠慈禧修三海的奢费之举），慈禧摔碗大声喝道：他省钱省到我这里来了！由此更是必欲去恭王而后快。恭亲王这样的际遇，肯定落不到袁世凯身上来。袁氏深知小人不可得罪。

袁世凯的事业臂助中，有一大批留学美欧和日本的留学生，这些人愿意辅佐袁，袁氏给他们提供了施展才干的机会固然重要，但袁氏对待他们的礼遇之隆之厚也是不可忽视的。袁入调军机时，每有留学生回国往见军机，不得不在脑后缀上假辫子，伏地磕头，对经历了国外平等风气的青年才俊来说，其状自是屈辱，其心难免悲恨，而其他军机均安坐不动，受之不却，唯有袁世凯必双手伸前作揖，表示还礼，并温言勉励。因此留学生尽皆愿效力于袁氏帐下，其中就有詹天佑、顾维钧等英才。西方的史家曾说，恺撒败亡，并非因为其于军政大事中种种专断独裁，而是因为他忘了——或者是故意——在全体元老院议员面前起立致意。

有时候，“尊重”别人也并不需太直接，迂回侧击的效果反而更佳。

有一次，袁世凯去拜会满族大员增崇（字寿臣），增崇将小儿唤出来见礼。这小孩早闻“袁宫保”的种种轶事，对袁是向往已久，所以行礼的时候行旗礼而不行汉礼，以表明自己没把宫保当外人（汉人）看。转瞬间，只见袁世凯闪电似的离开了他的座位，也照样抢前几步，对这小孩还安如礼，口中还连说“不敢，不敢”。然后双手紧紧拉住小孩的手，连说：“老弟好！老弟好！”半侧着脸，双目炯炯有神地看着小孩，半侧着脸对增崇说，“老弟真英俊，真英俊！”然后征得增崇同意，当堂和这小孩攀谈，问他看什么书，又说，“老弟需要些什么书，我可以给送过来。”小孩说了几本书，又说课本太少太旧，新出的买不到。袁世凯连忙说，“好，好。我明天就给送过来。”本来，袁世凯以一品大员的身份，能和一个小孩如此亲近，已经极为难得了。这小孩见过王文韶（军机大臣），他对王文韶一揖到地，王却连座位都不离，手里的水烟袋也没有放下，只是半起半坐、歪歪扭扭地拱一拱手就算还礼。两相对照，袁的平易近人、和蔼可亲自不待言。但即使如此，这个小孩也没有想到袁宫保真的会给他买书送过来，这样的事，恐怕他老爹也没这份心。可是，第三天中午，他就看到门房的院子里摆着五个木板箱子（学富五车之意），里面各种各样的书应有尽有！门房说，“袁大爷差片给少爷送书。”这件事，这小孩几十年后还牢记在心，回忆起来宛在眼前，试想，如果这小孩此后发达，能不对袁报以桃李？即使他无力及此，这一车书不止讨得小孩欢心，也让增崇的面子十足。

袁世凯如此费尽心机笼络各色人等，这样一来，很长一段时间，他在官场上几乎没有敌人。他后来树敌如此之多，那是因为他的权位越来越重，再也不可能不损害别人的利益和地位而上升，不可能调和所有的冲突了。这就是高层政治。

不容讳言，袁世凯这一套结交人的手段，对他仕途升迁有百利而无一害，但从长远而言，则不可避免损害到他作为政治家的声望，也会危及他的全部“事业”。袁世凯得一“虚伪”的“盖棺定论”，很大程度上和他对人的手段态度相关。因为政治上总是充斥着各种背叛与苟合，原本“以诚相待”的多年老友，很可能会因为形势发展变化而成为生死冤家，这在中国这个不缺乏斗争传统的国家尤其如此。民国政府建立，袁世凯和几十年的生死之交唐绍仪因为总统和内阁的权力问题而分手，就是如此。至于他和盛宣怀的分分合合，就更是予人话柄了。

袁世凯一生经历了晚清到民国这一段政治风云最为变幻莫测的多事之秋，他所面对的这种分分合合的选择多不胜数。这样，原来待人愈是“诚恳”、“谦卑”，到得分道扬镳的时候，就愈显得前述待人之态度“虚伪”、“做作”，这本是常人都有的观感。可是，就袁世凯来看，他和唐绍仪倾心结纳的时候，他怎么会知道，自己最终会和这样的“刎颈之交”变成了“道不同不相为谋”的冤家呢？他们1884年在烽火漫天充满杀机的朝鲜京城订交的时候，真的是惺惺相惜的道义之交啊！然而，一旦主要建立在个人感情和效忠上的这样重要的政治联合出现裂痕，袁世凯的“信用”就会日渐瓦解，以至于分崩离析。因为这种联合和利益上的结合（袁的关系当然有很多是利益结合）不完全一样，它很大程度上依赖于心理上的信任。这种信任危机会发生连锁反应，就跟金融风潮中的信用危机一样。袁世凯因为毒杀赵秉钧（赵案没有定论，但一般都认为是袁毒死的）这样的多年心腹，使得其余的左膀右臂都不寒而栗，人人自危。这是他复辟之时众叛亲离的一个重要原因。

6. 进与退

俗话说，“为官一任，造福一方”，但这是理想状态，只有在承平世才可勉强做到。若是碰上多事之秋，地方不太平，做起官来可有不同对策了。上策当然是能够为主上分忧，将大祸消弭于无形，中策是稳住局面，使之不再恶化，下策则是坐视不理。然而，如果这种局面不可能在短期内改观甚至也不可能防止，那么“为官之计”，上策是三十六计中第一计，及早抽身，免得到时不能自拔。自然，这非君子所当为，尤其是与儒家“知其不可为而为之”的信条相悖（试想曾左彭胡等同光中兴名臣，谁不具备逆难而上的儒臣气质？），但又确实是“为官之道”。官场上按部就班升迁不难，青云直上也常见，阴沟里翻了船还能咸鱼翻身的可就少了。

袁世凯看局势看得非常明白，他非常善于在适当的时候从烂局中抽身。

1885年1月30日，袁以母病为由，向吴大澂请假回国。这一年的春节，他是和这两位钦差大臣在烟台一起度过的。这标志着他个人的官场“恶运”到头了。试想，如果他继续待在朝鲜，被他得罪的一班同僚无疑只会变本加厉地要尽手腕来挤兑他，而他如此一走了之，跳出了朝鲜这个是非窝，真可谓“退一步海阔天空”，难怪他叔叔就此夸赞他：“此子狡猾，胜过老叔矣！”但他的事业和抱负，则远不是那么乐观。26岁的袁世凯，除了个人的官位升迁，他还想做一番什么样的“事业”？

袁世凯在朝鲜期间，曾多次上书给北洋大臣李鸿章，他认为朝鲜终必有大乱，韩王庸懦无能，所以建议朝廷选派一个监国代韩王执掌政柄。这时的北洋大臣是李鸿章，他虽然同意袁对局势的判断，可他正苦恼于中法和议未定，怕在朝鲜出乱子，所以把袁的建议搁置。袁世凯继续上书痛切陈言，但仍未见采纳。回国后，他在天津谒见李鸿章，再次面陈，李仍不接受，他只好要求请假两个月，返回陈州府了。

与此同时，朝鲜政变的纠纷并没有了结。因为朝鲜是中国的藩属，其涉外纠纷由中国处理，所以这一场政变又演变成了中日之间的谈判。中日谈判朝鲜事件于光绪十一年（1885年）正月十八日在天津举行，清朝首席代表是李鸿章，代表是吴大澂和续昌，日本全权代表是宫内大臣伊藤博文、农商务卿西乡从道。谈判从二月十七日开始，至三月四日结束，议定条款三项：（一）四个月内中日尽撤驻韩军队；（二）中日两国均无庸派员教练韩兵；（三）遇有重大事件，中日两国派兵赴韩，应先互相照会。

1875年的《江华条约》使朝鲜自认非中国属国；《天津条约》则使清廷自认朝鲜不是中国的属国，同时日本因此取得和中国同等地位。清廷就这样把自己对朝鲜的支配地位分了一半给日本，日本在战场上得不到的，在谈判桌上得到了。清朝的国家战略与袁世凯企图更深一步控制朝鲜的计划完全背道而驰。然而，即使这样，这时候的朝鲜仍然把中国当作宗主国。当时朝鲜想增兵三营，要求北洋大臣仍派袁世凯前往练兵，可是清廷既已与日本签了条约，所以自然不会同意。

清朝终究不甘心就这么放弃朝鲜。不久，朝鲜国内政局发生变化，清朝决定将三年前被擒来中国的大院君李昰应送回朝鲜，以平衡朝鲜国内的政治势力。可这时候的大院君孤身一人，回国又能有何作为？他必须有实力，而清朝受限于上述天津条约，不能派兵护送、支持他。李鸿章深感焦灼，这时候他想起一个人来，“其才必能措置裕如，无须派兵同行。”这就是袁世凯。

李鸿章于是奏请袁世凯以道员升用，赏加三品衔，由总理各国事务衙门加委袁世凯为驻朝鲜交涉通商事宜。二十六岁，官居三品，袁世凯官场得意由此可见。袁奉委后，乃于光绪十一年（1885 年）十月初七启程再度赴朝鲜就任新职。在劝袁世凯接受这一使命的时候，李鸿章对袁开玩笑说：“这回就像演戏，台子搭好了，客也请好了，就只等你登场了。”袁世凯或许是出于习惯，推托说还是得丁日昌的大军去才行，李鸿章忙道：“朝鲜人听说袁大将军到，欢声雷动，谁敢抗拒？原来打算派的人没有一个可用的，慰庭，你兵也用不着带，我只准你带水师小队几十个人登岸。做向导，你看，这些人足够了吧？”李鸿章当时红得发紫，可对年轻袁世凯的才干赏识如此，近乎讨好。虽然李鸿章办外交，横竖只有“以夷治夷”这一招，不肯做半点冒险拼实力，这和袁世凯大开大阖、阴鸷猛进的路数完全不合，以致李鸿章有几次气得要斩了这个老给他添乱的下属，但在李鸿章的夹袋里，的确再也拿不出袁世凯这样的干才了，他只有依靠袁世凯。

袁世凯这一去，就在朝鲜待了十年。这十年，按照某些人的说法，也可以说是“不屈不挠”、“苦苦支撑了十年”。

这十年里发生的事情，如果细细道来，真可以演绎成一段“朝鲜春秋”。此时的朝鲜已经对列强开放，国内驻着各国外交使团，这些使团都不愿意承认中国对朝鲜的宗主地位，因此对于袁世凯在朝鲜的地位和作用百般摧陷。而朝鲜脱离中国控制的意志和行动也日益明显，对于袁世凯这位实际上的“太上皇”当然也没有好脸色。看看袁世凯在朝鲜这个舞台上怎么纵横捭阖、合纵连横，用命于“危急存亡之秋”，周旋于日俄英美等列强和朝鲜各种政治势力之间，费尽心机地把朝鲜限制在中国的控制之内，不得不感佩其才干与意志。例如，袁世凯想尽办法阻止朝鲜以独立自主的身份办理自己的外交事务（例如派使节出使外国），他用强硬手段要求韩王以“郊迎”的大礼接待清朝的钦差大臣，这让日本和欧美列强既妒忌又刮目相看。他嗅觉灵敏，心思缜密，列强任何想拉拢朝鲜脱离中国的动作，他总能迅速发觉，然后采取有力对策。

可是，袁的正式身份，就只有一个“商务委员”（全称“驻扎朝鲜总理交涉通商事宜”），这既非外交人员（因为中朝之间不是平等的国与国关系，而是从属关系，虽然这职务相当于公使），又非清政府任命的政治官员比如摄政、监国，而且他这次几无一兵一卒可凭恃，所以“身份”非常模糊。他之能在朝鲜政治中取得如此重要的地位，可以说完全凭借他自己的才智与勇毅，至于这时候的大清帝国，与其说给他撑腰，还不如说拖了他后腿。他的“本职工作”，通商事宜，干得也不赖。有人统计过，1885年袁履任的时候，在朝鲜的主要港口外贸进口份额中，中日两国的比例是19比81，到1892年，这个比例变成了45比55，这是袁世凯一力扩张中国在朝鲜之影响、与日本竞争的结果。

虽然他的舞台就只有朝鲜这“三千里江山”，但他的战略思维却宏大而清晰。这时他再度上书北洋大臣李鸿章，献议处理朝鲜问题的策略，上策是："乘朝鲜内敝，而日本尚不敢鲸吞朝鲜，列强亦尚未深入，我政府应立即彻底收拾朝鲜，建为一个行省。"下策是："门户开放，免得与日本或帝俄正面冲突，索性约同英美德法俄日意各国，共同保护朝鲜。"他的建议应该说是站在中国国家利益的立场上，针对朝鲜的困难所作的良策。可惜那时清朝政府中除了李鸿章外，大都是庸懦愚昧，对于他的建议搁置不问。而李鸿章，也已经是暮气沉沉，就像他的淮军一样了。他有心而无力去实施袁世凯这些进攻性的大胆外交战略，只愿意"守成持重"。因为，李鸿章并非大清帝国国家战略的最终决定者，他受制于整个清帝国的政治环境和体制。李宰相是久历宦途的太极拳师，岂好和稀泥哉？形势比人强，亦有所不得已也。这个形势是什么呢？

当1884年朝鲜发生"甲申政变"时，清帝国的政治中枢同样爆发了一场地震，这就是那拉氏罢斥恭亲王奕䜣。这一场"政变"的影响同样不容忽视，因为，正是这场政变使得那拉氏完全掌握了清帝国的最高政治权力。没有了权力制衡，她作为女人的本性就毫无顾忌地展示出来了。她除了嗜好权力，还贪图享受，爱慕虚荣，所以从这时候开始，就处心积虑地挪用海军军费修造颐和园——从光绪十四年（1888）以后，正当日本海军全力向前推进之时，中国海军竟然"未购一舰"！在这种"大局"之下，袁世凯能有什么作为呢？他在给盛宣怀的信中说："此间时势，如江流日下。如侄驽劣，已精力交困，惟盼秋后瓜期，即谋代藏拙，田园乐当不远矣。"袁世凯悲哀地发觉，自己对朝鲜的局势再也无法操控了，因为"实力"说话的分量越来越重。

他在朝鲜实施的强硬手段，被朝中许多保守懦弱的大臣看作是"挑起事端"——这话本来应该是日本人来说才对的。但日本人却认袁世凯为英雄和值得尊重的对手，当然，也是值得除掉的对手。到了宣统年间，袁已失势，日人佐藤铁治郎用中文写了一本《袁世凯》，对袁大为揄扬，其中着墨尤多的，就是袁这段时期在朝鲜展露出来的强硬而灵活的外交手腕和深谋远虑的战略眼光。当时袁的政治环境非常恶劣，这本书徒招人忌，而且其中对于袁世凯及其僚属勾结内廷、贿赂官要、营私舞弊之事多有揭露，牵涉到很多当时还在台上和袁利益相关的人物，所以袁的长子克定央求日本驻华公使伊集院和日本驻天津总领事小幡酉吉等协助，把这本书全部购买，予以烧毁，不使其流传（此书在日本外交部门有存本，于上世纪七十年代始为人知）。也许是震惊于袁世凯在此一时期展露出的才干，甲午战后，和议已成，李鸿章和伊藤博文及陆奥宗光某次晤谈，李感于中国局势维艰而说人才难得的时候，伊藤博文忽问李鸿章："袁世凯现在在做什么？"李回答："小差事，无足轻重。"伊藤讥讽道："以袁世凯之才，仅任无足轻重的小事，难怪你们没有人才啊！"

当初李鸿章将袁世凯推上朝鲜这个舞台的时候，他大概也没有想到，袁世凯在这个台上居然一唱就唱了十年吧？十年之后，局势终于不可挽回，因为清王朝的日益腐朽，这个戏台的台柱坍塌了，袁世凯下台的时候，简直可以用"仓惶而逃"来形容。1894年朝鲜爆发东学党起义（类似中国义和团），日本出兵干涉，中国的外交决策在出兵和外交解决之间犹豫不决。因为日本蓄意军事解决朝鲜问题，袁世凯的生命受到威胁，日本人，朝鲜亲日派，甚至大院君李昰应的势力，对袁都采取敌视的态度。在促使清政府增兵没有得到迅速回应的时候，袁世凯连忙催促清政府将他调回中国，其惶急之态，与前面他的镇定自若大相径庭。

为了能够安全逃离，他预作筹谋，连续十多天派一龙姓统兵官乘一顶绿呢肩舆小轿频频来往于仁川至汉城之间。后来日军云集汉城，将水陆要道封锁，因为这龙某仅是一肩舆出入，且籍籍无名，所以任其往来。后李鸿章终于准了袁世凯回国时，唐绍仪护送他变服易装，冒称姓龙的军官，乘着这肩舆到了仁川港口，连夜登上军舰离开朝鲜，距日本人来他的住处寻他只十几分钟的间隙。袁世凯再一次及时抽身，跳出了朝鲜乱局。

从这个细节，除了可以看出袁世凯有急智外，还可知他性格中一个向来被忽视的特征，就是贪生怕死。这一点恐怕让人不解。袁世凯以带兵练军起家，治军以苛以严著称，他定的新建陆军军纪中光军人处死的条例就有 18 条之多，而且他不管是治军还是治民，的确杀人无数。在山东他杀义和团出了名，庚子事变后接管直隶，大乱之后地面上盗匪横行，为肃清治安，他杀戮也非常严刻，其幕僚张一麐劝他何必如此严酷，他回答：此辈如蟑螂臭虫，唯有斩尽杀绝！因此他在晚清政坛上得一“屠人”之称是名副其实的，和岑春煊的“屠官”（参劾官员），张之洞的“屠财”（靡费钱财。或说张为“屠士”，以其力主废除科举之故。）并称为“三屠”。

但他自己却非常惜命贪生，也许正因为他自己怕死，所以对别人就“以死惧之”吧？他可以殚精竭虑地为维护中国的利益而与日俄周旋，但一旦这种使命威胁到他的生命，他是绝对会退却的，他绝对做不了文天祥那种为国殉难，为主尽忠的人。所以很多人觉得，他所有的活动，都难以“天下为公”这样的抱负来形容，他之所以那样卖力气，是为了“建功立业”。也许有人会说，蝼蚁尚且贪生，何况人呢？的确，一个普通的人恋生惧死，不是什么缺点，但一个政治家贪生怕死，则可能是致命伤。

袁世凯贪生，这不止在关键时刻可以看出来，在他的日常生活中也很明显。他爱吃参茸等滋补之品，常常一把一把地将人参、鹿茸放在嘴里嚼着吃。此外，他还雇着两个奶妈，他每天就吃这两个奶妈挤出的奶。他所住的居仁堂安装着卫生设备，但他除了每年过年时洗一次澡，其余时间从不洗澡，据说是怕洗澡洗掉“元气”。袁世凯晚年有足疾，步行常拄杖，但这手杖却裹以硬铁皮，知道内情的人说这是为了防身，可是当时他已经保镖卫队无数了。即使深居中南海，袁世凯每天傍晚走出办公室散步的时候，园中照例得“清园”，他不许在园中见到任何除亲人以外的人，哪怕是园丁、卫士，这大概是将被暗杀的机会降至最小而采取的措施。因为贪生，所以对风水阴阳之道很信奉，给了宵小之徒玩弄他的机会。

袁世凯为他的贪生怕死付出的最大代价，则是后来他错误地估计了复辟的形势和可能性。原来，在武昌起义和清帝退位这一段时间，袁世凯在通往皇宫的路上遭到暗杀，侥幸逃脱。但从此之后，他十年怕井绳，极力避免抛头露面。搬进中南海之后，他几年的时间只出了三次中南海的大门：一次是去太和殿就中华民国大总统职，一次去天坛祭天，一次，则是去太庙祭孔。最后一次则是大出殡的时候被人抬出来。这样深居简出的生活，对一位最高当政者来说害处太大了，所以才有他大儿子袁克定给他看假《顺天时报》他居然很长时间发现不了这样的丑事。他对复辟做了过分乐观的判断，很大程度上也是他变得“耳不聪，目不明”的结果。

不过，他这一回狼狈逃出朝鲜，则很难说是必要还是不必要。或许，如果他不及时抽身，说不定真的成了日本人的刀下之鬼，大清的英烈榜上要加上他袁项城了。

日本在步步进逼，大清在着着退让，日本的势力如突然涨起的海潮，已经吞没了朝鲜半岛，接着将漫过中国的东北，去冲击长城的一个个关口……在这一进一退之间，留给他的余地还有多少？

袁世凯逃离朝鲜的时候，他心里在想什么？他也许在想着他十三岁的时候，为自家写的那一副让老师瞠目结舌的春联吧：大泽龙方蛰；中原鹿正肥。

鼙鼓声中，壮岁凶年，回首望中原，他终于明白，中原逐鹿，才是他最感快意的人生大志。

▲9

9 日本著名舰船画家山高五郎所藏的北洋水师全景照片，照片拍摄于 1894 年 7 月的旅顺港，照片题注“甲午七月北洋水师全军东征倭夷在旅顺船澳停泊图”。照片最左方为镇远舰，向右依次为 2 艘鱼雷艇，致远，平远、运输舰、超勇（从上至下），康济、经远、来远（从上至下），济远、定远（从上至下），最右侧露出一段舰尾的是靖远舰。

照片中为旅顺海军基地东港，旅顺口内天然地分为东西两澳，北洋水师营建东澳，亦称东港。东澳的兴建，袁世凯叔父袁保龄功劳甚大。1882 年，袁保龄在李鸿章推荐下，主持旅顺基地建设，因争取从德国人手中收回工程，心力交瘁，中风病倒，经名医汪守正诊治，方渐恢复。1889 年，袁保龄病逝于旅顺，终年 48 岁。

照片中最高的尖山即白玉山，李鸿章以其对面为黄金山而名之。袁保龄曾为黄金山炮台撰联曰：大海澜回忆从前唐战辽征往昔英雄垂信史；高山天作愿此后镐京丰水中兴日月丽神州。又为白玉山行宫撰联曰：创四千年未有之规愿成渤海屏藩留都堂奥；环九万里无远弗届漫谈昆明池水汉武旌旗。叔父抱此宏愿，而此时正在旅顺口对面朝鲜半岛游走转圜的袁世凯，恐怕早已对大清帝国的气数有所感悟了。

▲10

10 甲午战后被俘的镇远舰。舰上的弹痕清晰可辨，密密麻麻的白框标示着海战的创伤，多集中在舰体中部、烟囱、桅杆等要害部位。而此时的大清国，也如同这艘艨艟巨舰一样，伤痕累累了。

11 在日本发现的北洋水师旗舰“定远”舰照片。这艘 1882 年下水的德制超级铁甲舰，是当时亚洲第一的艨艟巨舰。管带刘步蟾是中国第一所近代海军学校马尾船政学堂一期生，曾赴英留学，1888 年任“定远”舰管带。黄海海战中，丁汝昌受伤，刘率“定远”舰督战，多次重创敌舰。威海卫之战，“定远”舰遭鱼雷攻击，无奈抢滩搁沉，刘步蟾殉国。

▼11

▲12

12 倾斜沉没的“致远”舰。

十九世纪中后期流行在军舰的舰首下方设计撞角，用于在近距离交战中撞击敌舰。黄海海战中，“致远”舰激战至弹尽且受重创，管带邓世昌率舰撞击日舰“吉野”号，但被日舰击沉，同舰官兵246人壮烈殉职。“致远”舰的沉没，标志着黄海战败，是北洋水师覆灭的开始，大清国国运可危。但于袁世凯而言，却是一个新的开始，甲午一役，海陆军节节败退，袁随军撤退至天津，准备待时而起。

▲13 日军占领汉城后建立的凯旋门

13 1894年，朝鲜爆发东学党之乱，清朝军队入境镇压，6月6日清朝军队在牙山登陆，日本军队于7月6日在仁川登陆，占领汉阳，25日，日本军队袭击清军运兵船，甲午战争爆发，最终清军战败。从此中日在朝鲜地位易转，袁世凯驻扎朝鲜，纵横一方的历史到此截止，他将开始新的使命和征程。

▲14 花园口登陆的日军第二军骑兵营地

14 大清帝国亚洲第一的海军经甲午一役全军覆没，陆军屡战屡败，《悲平壤》《东沟行》《哀旅顺》《哭威海》《台湾行》，黄遵宪一路哭下来，大清帝国陆军完败日军，在这样重大的挫折面前，清廷不得不开始考虑训练新军了，这为袁世凯的崛起提供了绝佳的历史契机。1895年，因袁世凯在朝鲜时期表现突出，有“知兵”之名，李鸿章特举荐袁负责督练小站新军，一代骄雄从此崛起。

▲15

15 1903年，袁世凯（中）、张百熙（左）与朱启钤（右）在京师大学堂译学馆前合影。此时，袁已接替1901年去世的李鸿章担任直隶总督、北洋大臣，成为疆臣之首，北洋之主。袁主政一方，大力襄赞新政，京师大学堂1902年复办，译学馆前身为同文馆，并入京师大学堂，二者同为新政之标志。从22岁投笔从军，历经22年，此时的袁世凯已经深知如何抓住政治上的机会了，新政便是一个重要的平台。

▲16

不文不武忽朝
忽野今已老大
壯志何如
甲寅冬自题

16 甲寅年（1914），袁世凯已位极民国元首，却感叹“不文不武，忽朝忽野”，自问“壮志何如”。这一年，一战爆发，欧洲战云密布，东亚日本野心膨胀。这一年，袁世凯解散国会，推出《中华民国约法》，改内阁制为总统制，袁感慨“不文不武”，却将文武运于掌中，“忽朝忽野”，却取至高之权力如探囊。袁世凯，他到底志在何方？

▲18

▲17

▲19

从投笔从军之时起，袁世凯就深知独木不成林，自己起家之根本在于政绩，不论在吴长庆军中、朝鲜、小站或是天津，袁都以实干得名，其关键在于笼络人才，其中容闳派遣的留美幼童与袁的政治生涯关系莫大，尤以朝鲜时期为典型。

唐绍仪当时不过是一介留学归来的小角色，袁世凯却倾心结纳，唐最后成长为一国总理。

梁如浩 1881 年回国，1885 年入朝鲜袁世凯幕下，在海关、铁路以及外交通商事宜上贡献颇大。

曹嘉祥 1881 年回国，随袁世凯创办警察制度，利用警察力量，帮助袁世凯在天津站稳脚跟。

梁敦彦先后出使美、德、墨、秘、古巴，累官至外务部尚书，后任袁世凯内阁外务部大臣，在外交事务上颇有建树。

17 容闳。**18** 1872年，出国前夕梁如浩（左）与唐绍仪（右）的合影。**19** 在美国的曹嘉祥。**20** 1874年，在美国17岁的梁敦彦。**21** 1876年，在美国的蔡绍基。**22** 周寿臣。

▲20

▲21

▲22

蔡绍基回国后，投入朝鲜袁世凯幕下，后任中国第一所大学北洋大学校长，在袁的教育新政中成就斐然。

周寿臣回国后入朝鲜，不得重用，后投入袁世凯幕中，能力得到了充分肯定和发挥，在朝鲜期间，由翻译员晋升成为署理仁川领事，回国后在铁路和海关事务上大有作为，后辞官回香港，创立东亚银行，成为香港殖民地时期第一名华人议政局成员。这一批人都是中国现代化事业的开风气者，对中国的近代化事业贡献卓著。

第二部

第二部

千古艰难唯一叛

戊戌年的农历八月初六（1898 年 9 月 21 日），正是桂子飘香的时节，这一天，却恐怕是袁世凯一生中最难熬的时刻之一。当他前一天坐火车从京师回到天津之后，就发觉自己处在一个前所未有的危险境地。他被两个同样危险的念头纠缠，这两个念头的任何一个都可能使他身入万劫不复之地，不单自己人头落地，而且要带来灭门之祸。

从七月二十九到京，到八月初五日，光绪皇帝三次召见他，不只将他由直隶按察使提拔为候补侍郎，一跃而在二品大员之列，还给予他以后单独奏事的特权。这几天他在京师，和康有为这些维新派交往密切，他甚至派了自己的心腹徐世昌参与这些维新派高层策划军事政变的秘密会议。八月初三，谭嗣同夜访袁世凯（当时徐世昌在侧），和他商谈以武力“围园劫后”，废除顽固派慈禧太后最高权力的政变计划，他袁世凯就是他们冀望的这个军事政变计划的核心执行人。但当谭嗣同一端出他们的计划，袁世凯就知道此乃书生谈兵，按此计划绝无成事之可能。

此时的京城，以慈禧为首的保守派和康有为为首的维新派之间，已经到了图穷匕见的地步，维新党固然在急谋武力夺权的险策，后党也在磨刀霍霍布置收紧绞索，而且两造似乎皆已嗅到对方政变的气息，京城杀机隐隐，随时都有血光之灾。此时的光绪皇帝，仍然如襁褓中的婴儿，单纯而懦弱。面对慈禧逼人的目光，阴暗深沉的神色，他惶惶恐恐，在颁给康有为的密诏中，他说现在的局势，“朕位且不能保，何况其他”。

袁世凯在一个错误的时间，来到了一个错误的地方，被人强行拉入了一场错误的政变。戊戌年的八月，如果袁世凯没有来到北京，他的人生也许是另一番模样。这一时期，其他被保荐入京觐见或取用的不少人才，如黄遵宪、容闳，如张之洞的主要洋务幕僚钱恂，以及前驻德公使许景澄等人，皆或请病假或迁延，不敢进京，或许，他们都嗅到了京城山雨欲来的气息，不愿踏进这是非之地？袁世凯也许太热衷于他的那一级升迁了，一脚就踏进了这个生死场。

很多年后，袁的一位亲人，大名士张伯驹不无感慨地说，在帝后之间，告密与不告密，都是“欺君之罪”，都可能为自己招来杀身大祸。作为被拉拢卷入这一冒险计划中的知情者，他向太后告密，将陷光绪入万劫不复之地，自身政治生涯极可能就此终结；不告密，按维新派那些人的政治经验和能力，则计划也必然败露，并惨烈失败，等待他的也是万死莫赎的罪责。

在谭嗣同“以死相逼”要他挥兵救驾的当口，他气血翻涌地许诺，“杀荣禄如杀一狗耳！”（据梁启超转述），给他半月或二十天时间，九月皇上将巡幸天津阅兵，只要阅兵的时候皇上奔入他的大营，他就可以率军保护皇上，大局可传檄而定！

这是他心中真实的想法，还是一时的敷衍之词？

初四凌晨，天还未亮，得知袁世凯拒绝立即出兵，康有为嗅出大失败的死亡气息，抛下这漏洞百出的“围园劫后”计划和他信誓旦旦要效忠的皇上，仓惶出逃；谭嗣同知事已不可为，决意一死明志，欲用鲜血唤醒这个沉睡千百年的国度；袁世凯则陷身于杀机四伏的境地，不知生路安在。

初五，觐见完光绪，他马不停蹄赶回天津。一回来，他就发现自己的处境远比原来想象的更可怕。

他本来和他一手操办起来的大清帝国最精锐的七千新建陆军驻扎在北京和天津之间的小站兵营，但是他的顶头上司、慈禧太后的忠心支持者直隶总督荣禄，以军情紧急，英俄在海参崴开战，大沽口外战舰云集为由，连连催促他回来，待他回来后却命令他留在天津，不许他回小站。与此同时，京师和天津之间的军队频繁调动，把聂士成军调到天津，把董福祥军调到长辛店，名义上是为应对外交局势，而事实上对袁的小站军队形成夹击之势。袁军虽精锐，但周围有聂士成、董福祥的军队牵制，而聂、董的军队人数远在袁军之上。且袁军驻扎小站，离北京二三百里，要按照袁世凯和谭嗣同原来讨论的方案，袁率军长途潜行，突破聂、董二军的阻拦，和北京的神机营等军队，奔袭颐和园，囚禁慈禧太后，无异于隔山打牛。可是，皇帝在八月初一第一次召见他时告诉他，“以后可以和荣禄各办各事”，这究竟意味着什么？是否真如谭嗣同所言，皇帝颁下密诏要康有为联合他袁世凯诛杀荣禄、挥军救驾？可是荣禄，却是多年来对他提拔知遇、引为知己的恩人。

正在这节骨眼上，京城的局势急转直下。八月初三，人品伪劣而善投机的御使杨崇伊（此人后来居然在丁忧其间和人争妓，被地方官参劾革职）在颐和园向慈禧上书，请求慈禧“训政”，三度垂帘。四日，慈禧突然改变日常安排从颐和园回宫——她一定已经获得了某些康有为之党“不轨”的消息。此前几天，光绪的权力已经受到慈禧的更多制约。八月初六上午，慈禧太后面斥光绪，随即将光绪软禁于中南海瀛台。后党先发动政变，重新掌握了政权，康有为、梁启超等人亡命出逃。

这时候天津的袁世凯还在彷徨，他也许还指望九月皇帝会到天津来阅兵，他还不知道京城已经变天。

初六下午，杨崇伊来天津，向荣禄报告太后训政的消息。晚上，荣禄命袁世凯来营中议事，“令卫兵夹道罗列”。入见则杨崇伊在座，将京中政情通告袁世凯，并说太后令捉拿康有为、康广仁！

突然听到这个消息的袁世凯，魂飞魄散，刹那之间，只见袁世凯当场跪倒在荣禄面前，大哭失声，长跪不起！这一变故，恐怕连荣禄、杨崇伊也惊骇不知所从。这时候，袁慌忙将康有为、谭嗣同等人商议的兵围颐和园的政变计划和盘托出，并竭力洗刷自己，跪求荣禄为他作主，并保全光绪皇帝。这一消息，令荣、杨大吃一惊，原来他们还不知道维新派有此密谋。这告密消息马上由杨崇伊带回北京，守旧派才知道兵变围园的密谋。八月初九日遂有旨：“张荫桓、徐致靖、杨深秀、杨锐、林旭、谭嗣同、刘光第均著先行革职，交步军统领衙门，拿解刑部治罪。”（光绪二十四年八月初九日上谕）。由于袁世凯告密，事态迅速扩大，太后严令对维新派继续搜捕，并不经审讯于八月十三日处决六君子，八月十四日宣示罪状，有“包藏祸心，潜图不轨，前日竟有纠约乱党，谋围颐和园，劫制皇太后及朕躬之事，幸经觉察，立破奸谋”。这道谕旨说明袁世凯的告密已经起了作用，成了保守派发动政变镇压维新派的有力借口。

百日维新结束了。中国这艘大船，在转舵的时候再度搁浅。

1. 忠与叛

戊戌政变是中国近代史上令人极为痛心的一件大事。日本的明治维新促成了日本一跃而成世界强国，而中国的戊戌维新，却以菜市口滚落的六颗人头收场。中国失去了这个和平变革以求强盛的机会，不两年而有庚子义和团之变，再四年日俄在中国东北开战，此后革命党此伏彼起，再也不可收拾。因为戊戌政变中结下的怨恨，慈禧太后图谋废黜光绪，而一干大臣与西方国家对此表示反对，慈禧因此深恨外国势力，两年后煽动、利用义和团“打教灭洋”的愚蠢举动实肇因于戊戌年。

在这场对中国影响如此深远的维新和政变中，袁世凯究竟扮演了什么角色？戊戌政变百多年来，无数历史学家绞尽脑汁，试图揭开康有为、梁启超、谭嗣同、袁世凯和光绪、慈禧与荣禄等权力精英们，在戊戌年八月那短短的十几天内织就的无边黑幕，他们一头雾水。这里，出现了两个袁世凯。

一个袁世凯，自小就有异志，在十多年的经营布局之后，时刻都在觊觎更高的权位，当戊戌维新发动时，他看准了机会，投机钻营，取得了光绪和维新派的信任，在关键时刻却又背叛光绪，向荣禄告密，结果导致慈禧发动政变，使得戊戌变法事业功败垂成，他倒向黑暗势力，踏过维新志士的热血铺就的血路，终于攫取了梦寐以求的超常升迁。他似乎是一颗邪恶的种子，在枝繁叶茂的季节，终于开出了一朵巨大的恶之花。

另一个袁世凯，少年时代忧心国事，壮年时代投身改造中国的维新事业，由此走进了政治风暴的中心。在新与旧，弱与强的激烈冲突和杀伐中，他陷入了前所未有的危境。在他无法抉择的时候，时间帮他解决了这个难题：在天平终于无可避免向黑暗倾斜的时候，他涂黑了自己的脸，隐入黑暗，换来以后的某一天可以再次点起光明的火焰——那就是三年后由他一力推动的清末新政。

两个袁世凯，一个站在历史的镜外，一个站在镜里，他们的姿态面貌如此相同，刚强有力，精明干练……而他们的方向却截然背反，这真是一场令人悲伤的戏。那两个隔镜对望着的袁世凯，看着镜中的另一个自己，他们是否能分得出，哪一个是更加真实的“自己”？戊戌年的八月初三深夜，他们在诡谲、沉重的黑暗中，相遇，对视，眼含深意，然后消逝在不同的方向，同样的夜色里。三天后的八月初六，有一个袁世凯活了下来，代价是在荣禄面前的那一跪。

很多年来，活在历史中的是第一个袁世凯。现在越来越多的历史学家，像穷追不舍的侦探，想追回另一个消逝的身影。他们说，戊戌年的袁世凯积极参与变法，而且也许的确有军事政变帮光绪夺得大权的计划，他没有打算主动告密。他们说，当时那种紧急情况下，慈禧先发动政变，袁世凯以为自己计划败露，为了保命，马上反戈一击，将维新派兵变围园的计划供出。他是被迫告密，并不是他的告密导致慈禧政变，恰恰相反，是慈禧政变导致袁世凯告密。无论袁告密与否，慈禧的政变不可避免。袁世凯主动告密说最大的难点，在于八月初六日的政变之前，袁没有告密的适当时机。也许历史还有另一种可能，即慈禧的确在初四或初五获得了维新派图谋政变的消息，但并非从袁世凯那里。试想康有为诸人密谋的计划，需要策动多人，有众多参与者，袁世凯而外，其他预谋者未必就不会有意告密或无意之中泄露消息，这些消息同样可能传递到慈禧耳中。

1908年，光绪、慈禧两日内相继下世，朝局大变，袁世凯被放逐，战战兢兢蛰伏于乡野。此时，流亡海外的康有为师徒，却以为再度走进大清朝廷政治中心的机会已到，他们以为自己洗刷掉戊戌年“围园政变”的“案底”，就可以接续上戊戌年和光绪的渊源，打动光绪的胞弟，摄政王载沣。于是他们密谋将“围园政变”的计划全部推脱给袁世凯，说这是袁氏凭空构陷、为求自存而陷先帝于不义之地。让后人颇感意外的是，康梁师徒之间为诬陷袁世凯而商议密谋的书信居然留了下来，而且几十年后被发现。他们在戊戌政变之时，一走高飞，将所有辩解的责任推给了处在险境中的袁世凯，和菜市口无头的尸体；而当此之时，为谋得满清皇朝宝座前一方磕头之地，再度将袁世凯推入命悬一线的险恶境地。现在轮到他们对袁世凯反戈一击。

清朝垮台后，梁启超也成了民初政坛呼风唤雨的一方人物（研究系的领袖），袁世凯倒是照样可以和梁启超在政治上合作，对付孙黄一派。这就是袁世凯的行事原则——利则合，不利则分，他和张謇、盛宣怀，和孙中山、宋教仁，也无不如此。他从不让过去的恩怨，左右政治决策时的算计。

在袁世凯身败名裂很多年后，当年风暴中心的梁启超轻轻抖落身上的尘埃，渐渐隐入书斋，成了著名的学者，清华大学四大国学导师之一。他在其名著《中国历史研究法》中，提醒他的读者："吾二十年前所著《戊戌政变记》，后之作清史者记戊戌事，谁不认为可贵之史料？然谓所记悉为信史，吾已不敢自承。何则？感情作用所支配，不免将真迹放大也。治史者明乎此义，处处打几分折头，庶几无大过矣。"在袁氏死后他又对自己弟子说："袁氏变法维新之见解，实出于自动，拥德宗（光绪）以武力行政之计划，实亦发动于袁氏，而绝非壮飞（谭嗣同）所强迫。"这一席话，或许有为曾被他厚诬的袁氏洗刷之深意。

然而，有些脸谱，一旦描成，却是再也难以洗刷干净了。

戊戌政变之后不久，当时社会上就流传一首民谣："六君子，头颅送，袁项城，顶子红，卖同党，邀奇功。康与梁，在梦中，不知他，是枭雄。"这民谣所塑造的袁世凯形象，几十年来已经"深入人心"了。甚至袁世凯自己也不得不想尽办法塑造出自己"卖主求荣"的形象，因为，只有这样他才能消除慈禧对他的怀疑，从而可以在慈禧的卵翼之下安身。他费尽心机写了《戊戌日记》，并且授意幕僚在报纸上刊布，承认自己向荣禄告密，同时表白自己在政变中维护光绪的一片苦心，就是想为自己解脱道德上被审判的尴尬地位。他这《戊戌日记》，因为是出自一个卖主求荣的人，且用意无疑是"写给别人看的"，所以很多年都被人视为"作伪"，直到最近几年，历史学家才认定其"大体还是可信的"。

慈禧太后识人无数，眼光狠毒，在戊戌政变中就看出来袁世凯绝不是一个"忠臣"。她因袁参与围园密谋，并未主动出首，欲加重惩。但荣禄到底是满人中不世出的英才，他爱惜袁的才能，以至于惺惺相惜而为袁力保。从袁和荣禄的关系也可以看出，袁世凯在结交人际方面的确有过人之处。据说，后来有人私下问荣禄，袁是不是真的有光绪颁给的“诛杀荣禄”的圣旨，荣说的确有，这人又问，那么，袁世凯原来是同谋，既同谋而又出卖别人，首鼠两端，这样的人不足取吧？荣禄傲然答道，袁某是我的人，无所谓首鼠两端！就在袁世凯告密、京师大索维新党的关口，荣禄入京城领军机衔，朝廷竟命袁世凯署理荣禄遗下的直隶总督空缺，然后很快升他为山东巡抚。袁世凯能让荣禄这样精明透顶的人怜惜他、笼络他、倚重他到如此地步，其才其能岂是常人可以比拟的？袁世凯终究有一点对得起荣禄，就是荣禄在世的时候，他再也没有起过异心。在袁崛起的时候，只有荣禄才能镇住袁这样的枭雄，并且使为己用。袁世凯对清廷生背叛之心，是在荣禄去世后。袁虽是不世出的枭雄，对荣禄终究怀着敬畏和感激，这就是一物降一物吧。

袁世凯之在历史上“遗臭万年”，戊戌政变中出卖光绪和维新派是最大罪状之一。后来论史者对康有为这样一心想当“孔教”教主和“素王”的狂悖之徒或许还有恶感，但对光绪皇帝则多持同情态度。要不是袁世凯的出卖，心地善良、力求振作的光绪也许还不至于在十年余生里做了“活死人”。而且袁世凯的确是从自己的出卖中捞到了好处，虽然他最初告密只是为了保住自己小命。所以，即使到今天，袁世凯贪生怕死的告密行为也不能从道德上得到解脱。和谭嗣同这样慷慨赴死的改革志士相比，袁的形象的确猥琐而卑鄙，这种卑小的形象被放大，大得几乎完全掩盖了他在戊戌维新中的另一面：在政变前他是积极支持维新派改革的，甚至当康有为的上书无由上达的时候，袁世凯竟然主动要求代康有为上折，这在那些当权保守派对康有为的奏折避之唯恐不及的情况下，却很难说得上是投机。现在来看袁世凯维新期间进献给翁同龢等大臣的说帖，其眼光和见识，其对改革的理解和把握，决不在其他任何维新中坚人物之下。

在戊戌政变中，袁世凯在最危急的时候充分展示了他临机应变的才智，保住了项上人头，但这个“卖主求荣”的名声也让他付出了惨重的代价，甚至可以说是他的历史地位被大为扭曲的一大原因。戊戌政变让世人知道，袁世凯绝对不是儒家史笔喜欢揄扬的“忠臣”，甚至连“义士”都算不上。他对谁“尽忠”呢？他既没有对光绪尽忠，也没有对慈禧尽忠。满清鼎革之际，袁的公开文稿中无不强调自己对清朝、对太后、皇上的一片拳拳忠心，但其实他只要求别人对自己忠心。

总之，在他所存身的那个君臣体制中，他不得不做臣子，但他心里却绝没有一个值得他以死效忠的主子。他随时可以在各个“主子”之间更换门庭。他要做事，首先就得保住自己的性命。他会赞助推动维新派的事业，但决不会如谭嗣同般有“流血请自嗣同始”这样的血性冲动。死，永远都不可能成为他的选择。这也是袁世凯“善变”的一个原因：他没有信仰，如果有，也许其信仰对象就是功业和权力。为了追求这些，他忍辱负讥，此后，他将独自承受皇上无边的怨恨，朝廷无端的猜忌，同僚无言的鄙夷。

戊戌那一年，走向菜市口的谭嗣同，走向流亡的康梁，和此后很快将走向直隶总督官衙的袁世凯，谁走的道路更为艰险？

2. 动与静

树挪死，人挪活。人总是盼着往高处走，往中心走。袁世凯在戊戌八月走进北京，最初的打算也不过是希望自己的官位子能够“升一级”，更加靠近权力的金字塔顶端一点，于是通过徐世昌的活动，花两千两银子买通光绪面前的红人御史徐致靖上折保荐袁。结果光绪召见后，袁居然意外地升了两级，徐的家人觉得这折子“物超所值”，竟然厚颜要求袁世凯再追加二千两，此事一时在京城传为笑谈。

康有为在百日维新期间，一再提出要光绪开“懋勤殿”以供新进诸卿议事参政，企图在清朝现有政治体制之外，建立由其控制的议政机构（绕过保守的军机处和六部衙门），用意也是想自己和最高权力中心的距离再挪近一点，以藉此进入政治权力核心。直到百日维新结束，康有为也没有谋到可以时常接近光绪的权位。除了翁同龢、张荫桓等少数几人，维新派们官阶都太低了，手中的权力太小了，他们急于掌握权力。戊戌维新时，康有为41岁，官仅六品工部主事，梁启超26岁，以六品衔办京师大学堂、译书局，34岁的谭嗣同是六品衔的军机章京，50岁的杨深秀是山东道监察御史，24岁的内阁候补中书林旭、32岁的候补侍读杨锐、40岁的刑部候补主事刘光第均是四品卿衔军机章京，32岁的康广仁则是一介布衣。他们都被排挤于政治权力核心之外，既没有高层政治的经验，也绝无自己的执政基础和班底。军机章京的权力和军机大臣相比真是判若云泥，他们只相当于军机处的秘书，能有多大作为？

所有的政变和革命，要解决的核心问题都是由谁掌权。如果揭开罩在戊戌年那一场斗争上的观念和言辞织就的华美外衣，那么这可看作光绪和太后，一帮中下级官僚和上层官僚之间赤裸裸的权力斗争，或许还有现实的功利。康梁的维新学说，不仅亵渎了“圣典”，触犯了一大批以“卫道自任”和“假道求食”的经生文人的切身利益，其变法的措施，如废科举、裁冗衙，更要打破许多人的饭碗，必定要引起这些人的反对。康有为们落败了。意外闯进这个权力和利益角斗场的袁世凯，倒有了一番额外的收获。

权力是一种无形的力，而政坛就是由这些大大小小、来自不同方向的力道组成的权力场。真正的官场高手一定是一个“太极推手”，懂得借力打力，懂得化刚为柔，懂得隐忍不发，最重要的，要懂得静中有动、动中有静，动静无常而有界。有时候一动不如一静，有时候，则又必须静极而动。

戊戌维新中，康有为们变法的“动作”太大、太快了，而政变的动作又太慢，动静太响，没有实力的时候乱动。也许，“改革”的难度确实大过“革命”。“革命”主“破坏”，只要挥动榔头或大刀就行；而改革既需要“动”，也需要“静”，要在催生、造就新事物的同时，让腐烂的部分“静静地”死亡。这需要剪刀甚至是手术刀，而不是大刀。前者需要“艺术”，后者依赖“激情”。李鸿章在甲午战后哀叹，自己是大清朝这所破房子的“裱糊匠”，可见他长于动“剪刀”，而且动作轻柔。即便如此，他还是被指责。某次觐见，慈禧不阴不阳地问：李鸿章，有人说你是康（有为）党。你怎么说？李鸿章抗颜道：臣实是康党！如果凡变法皆指为“康党”，则臣确是康党！慈禧默然良久，悻悻然退让了。在晚清的政局中，真可谓“动辄得咎”。袁世凯算得康有为、谭嗣同的政变计划为纸上谈兵，所以他决不轻举妄动；待到生死关头，又当机立断告密保命，动如脱兔。

有人评论袁世凯，说他生平行事，皆于最后五分钟靠天成功。但天意和人事，谁能分得清呢？就像动与静转折的那一瞬时机，又有几人能抓得到？

袁世凯能够在各种政治势力之间做到左右逢源，关键就是他坚持谋定而后动，而且秉持“做人做事不做绝”的原则，他绝对不愿意把自己置于非此即彼的选择困境中，也绝对避免“背水一战”这样没有转圜余地的“死地”，他的政治策略中甚至没有“置之死地而后生”这样的观念。袁世凯政治上最擅长的，就是在各种势力各种时机之间纵横捭阖，合纵连横，阳以阴取，上下其手。

他实施这样的战略有几个“经典”案例。一个就是在1900年义和团运动引起的“庚子事变”中。这时候慈禧凭借义和团这样的乌合之众愚昧地向十一国列强开战，（以一弱国而敌十一列强，其豪气可谓空前绝后，史上所无。）还要求地方督抚出兵“勤王”。袁当时是山东巡抚，又手握精锐重兵，不出兵吧，得罪慈禧后果不堪设想，出兵吧，不止引火烧身，而且他算准清廷无取胜之理，到时候八国联军“秋后算账”受不了。所以，他两方面都不得罪。对慈禧，一方面派一小部军队慢慢“星夜驰往直隶”勤王，另一方面是输银输饷，以及绫罗绸缎等各种奢侈品，使她即使仓惶逃命的时候还能保住一点体面，满足她穷奢极欲的虚荣心理。在慈禧回銮的路上，袁世凯又是花车又是别馆地迎候。慈禧太后的第一辆汽车，就是袁世凯进贡的。可惜慈禧觉得，司机竟坐到她前面，这不成体统，所以只用来做摆设，但她心里对这新奇玩意还是兴致勃勃的，对袁世凯的活络心思也就高看一眼。对外洋列强，则是饬令山东州县官员，用军队保障教士教民的性命财产，让洋人找不到寻衅借口，一面不动声色地剿灭义和团。

这一策略极为成功。慈禧对袁世凯青眼相加，是历经庚子事变之后，而八国联军认为袁是方面大员中强有力的“朋友”，对他赞赏备至。反观当时和袁处在相同处境的其他督抚，都没有袁世凯做得这么天衣无缝。那几个和袁一样手握重兵的将领如聂士成、董福祥、宋庆，于大局是一叶障目，于小节是胶柱鼓瑟，听信慈禧太后的赌气指示去和八国联军打无理之仗，结果败得一塌糊涂，不止把手里的军队折腾得一干二净，而且自己也没讨到好——聂士成一代名将被义和团洋人两相逼迫，惨死于乱军，董福祥战后成了战犯被剥夺军权，其部队解散，宋庆部则溃不成军了，因此慈禧对他再无借重之处。倒是袁世凯，手里的军队成了清廷唯一依赖的精锐。而那些督抚们，在这兵荒马乱、自顾不暇的时节，谁也没有想到如袁世凯这样如此“尽心”孝敬慈禧。由此可见，袁世凯在大局中灵活处置、掌握主动的策略收效不可谓不显著。

庚子年的乱局中，还有几件小事可值一提。袁初接到要求地方招募义民练拳、奖励义和团打教灭洋的廷寄谕旨时，开始是立即通告全省遵旨办理的。但他的一个主办洋务文案的幕僚徐抚辰，力谏他不可奉此乱诏，给他剖析了一番利害得失，袁世凯初不听，后徐抚辰立即留书告归，袁世凯醒悟，急忙遣人追回徐抚辰，同时用六百里、八百里牌单，飞骑分道追回那一道廷寄谕旨。可是，如何处置这道谕旨成了伤脑筋的问题。如果像此时督两广的李鸿章那样，直说这是“矫诏”（李鸿章在给盛宣怀的信中斩钉截铁地说“廿五矫诏（指宣战诏书)，粤断不奉，所谓乱命也”。其电文中也有“乱命不可从”之语），他没有李鸿章那样的权势，在乱局中被作为“杀鸡骇猴”的那只“猴”，得一个“抗旨不遵”的罪名那是轻而易举；可是这又是万万执行不得的旨意。这真是顾得了眼前顾不得长远，顾得了长远又顾不了眼前。

这一天，有一统兵官接到袁世凯的命令，要他拔队往某州剿匪（此“匪”当然是指义和团），行前谒见袁世凯，请示如何办理。袁世凯煞有介事地交代：“我是命令你去查办假义和拳，可不是要你去剿灭真的义和拳。真义和拳，奉朝廷的旨意，咱得扶持。”那统兵官一头雾水：“大帅，如何分别义和拳的真假？”袁世凯虎目一瞪，训斥道：“真假你都分不清，你还带什么兵！”回头问某先锋官：“你知不知道如何分真假？”这位先锋官倒是伶俐，接口道：“回大帅，遇到义和拳，只管开枪迎击，枪能打死的就是假义和拳；真义和拳刀枪不入，肯定伤不了。”袁世凯马上将此事交给此先锋官去办。就这样，一个左右为难的局面化解于真与假的言辞之辩中。

到辛亥年武昌起义以后，天下局势已成瓦解，各种政治势力风起云涌，政事军情瞬息万变，革命党、清廷和立宪党均无力收拾残局，只有请袁世凯出山来摆平。这时候的袁世凯真可谓“众望所归”，但他牢牢握住兵权之后，对哪一方都不完全支持，也不完全反对，而是左顾右盼，左右腾挪。一方面对清廷信誓旦旦披沥自己的忠肝义胆，同时以革命党的势力和要求来要挟清廷，一方面则对革命党表示民心思安，天下为重，而又以清廷的要求来压榨革命党，还充分利用立宪党在其中穿针引线，终于攘得中华民国临时大总统的位子。这一幕大戏，演得是起承转合、跌宕起伏兼有声有色，的确是袁世凯一生中要权用诈的经典之作。可惜袁世凯身边有些人不明白他种种举措的妙处，觉得他做事不像以前有决断了。袁听了不免得意地向这些人解释：“你们知道拔树的办法吗？专用猛力去拔，是无法把树根拔出来的，如果硬来，树一定会断折，只有一个方法，就是左右摇撼不已，才能把树根的泥土松动，不必用大力就可以一拔而起。清朝是棵大树，还是二百多年的老树，要想拔这棵又大又老的树，不是一件容易的事情。我今天的忽进忽退，就是在摇撼大树，现在泥土已经松动了，大树不久也就会拔出来的。”

在戊戌变法中，他最初也是秉持灵活机动的策略，而且极为成功。虽然他有段时期被慈禧太后目为维新党，而且康梁一党的确对他也倚为腹心，连政变这样“大逆不道”的事也请他参与，但袁世凯在保守派和务实派那里也很吃得开，至少是他们极力拉拢的对象。荣禄对他的器重和保全是不用说了，李鸿章这一洋务派大佬则从一开始就非常赏识他，而李鸿藻作为清流派的首领，对务实派李鸿章的政见和为人向来不齿，对袁世凯这一“李鸿章的人”居然也赞赏备至，而且收其为门生。所以，当袁世凯1895年活动到专办练兵事宜的重要位置的时候，无论是兵部尚书荣禄、庆亲王奕劻这样的满族亲贵，两江总督刘坤一（袁世凯也拜为他的门生），湖广总督张之洞这些方面大员，还是军机大臣李鸿藻、军机大臣兼户部尚书翁同龢这样卓具清誉的清流党，抑或是李莲英这样阴柔毒辣的宫中红人，对他都是交口称赞、鼎力支持。想想只要在这衮衮诸公中巴结上一位，也足以青云直上了，而袁世凯居然能够个个搭上线，其交结手腕真令人叹为观止。这时候他在官场中处在游刃有余的超脱地位，那些汹涌澎湃的政坛暗流，不管来自哪个方向，到他这里却都能为他所用。可是，康有为这个刚愎狂妄、毫无政治经验的书生改革家，却硬是将他拖进了一场他毫无准备的军事政变中，从而将他置于“非此即彼”的“死地”，不得不在光绪和慈禧之间做抉择，而且给他考量的时间如此短促，以袁世凯一贯的作风，真的是难煞他了。

治国之道也脱不了掌握“动静”之机，也即平衡“韬光养晦”与“有所作为”。慈禧折腾出来的1900年的义和团运动，以李鸿章签订《辛丑条约》告终。签约后，李于病榻上上奏朝廷：“臣等伏查近数十年内，每有一次构衅，必多一次吃亏。上年事变之来尤为仓促，创深痛巨，薄海惊心。今议和已成，大局稍定，仍希朝廷坚持定见，外修和好，内图富强，或可渐有转机。”

也许他是有点乐观了。《辛丑条约》规定的赔款，一直到1938年由于抗日战争才停止支付，中国前后共赔款白银已近6.532亿两，折合银元近10亿元。这笔持续三十八年的赔款，和《马关条约》的赔款一道，将中国的财政抽空，使其再无多大余力进行现代化改革。改革的各项事业需要资本，而晚清最后十年的改革，为着罗掘财源，却使得中国的底层民众完全破产，革命也就势不可免。这是对外不懂“韬光养晦”的结果。庚子年的“危机”，并不因和平的来临而有“转机”，继承李鸿章北洋衣钵的袁世凯，也无力回天。

3. 凉与热

经戊戌一役，光绪被圈入瀛台冷宫，袁世凯倒成了太后面前的红人。世态炎凉，往往如跷跷板，有人炙手可热，就有人失意乘凉。红了热了，常常引出别人的“红眼病”来，凉了冷了，又不免遭小人落井下石。炎凉总是伴随着进退，是政治生涯中的另一个雷区。明乎此理，也就明了，在别人处在落难境地时稍一援手，将令人铭感终生，在别人万事顺意的时候，哪怕送上厚礼，别人也会转眼就忘。所以，一个人是否“重感情”，并不在于他出手是否阔绰，只在于他什么时候“出手”，什么时候“阔绰”。

袁世凯之所以几十年来能够成为政坛不倒翁，在晚清政治斗争中权势越来越大，很大程度上和他做人的圆滑、灵活有关。前面说到袁世凯处心积虑地结交五湖四海的各方人物，但他的发达，也并非交游广阔这样简单。他能结交人，更能笼络人，关键还能留住人。袁宫保“义气”，“手面豪阔”，“念旧”，是很多人对袁世凯的一般观感。在官场上，他虽也不得已做出过“丢卒保车”的事，但他极少做“过河拆桥”的事，同样也很少做赶尽杀绝的事。吴长庆在国内去世时，袁世凯在朝鲜有职在身，无法亲自扶灵送葬，但他送了一千两的奠仪，并专门派本营副将率军士护送吴长庆的灵柩回乡安葬。一千两银子，是当时司道级（相当于现在的司局级）官员十个月的收入，袁世凯戊戌年买官一级也只花了二千两。

当然，面子上他总能做到对谁都情真意切，而不是光押宝吃一方。就以向上找靠山来说，袁世凯并非单独恭维、孝敬那拉氏一人而已，凡是能向那拉氏接近说话的人，无不十足敷衍结纳。据说，京中满汉各大员，无论婚丧嫁娶喜庆寿筵逢年过节，举凡讲究排场的事，袁世凯都有“份子钱”奉上来——只要值得巴结，巴结得上，他对谁都巴结。

袁世凯和李鸿章的关系，就很能说明袁的为人。甲午战败之后，李鸿章忍辱负重赴日本马关签下人人都认为奇耻大辱的《马关条约》，还差点被日本人刺杀在春帆楼。这也就罢了，回到中国，清政府中还有大批放言高论的清流党人，恨不得对他食肉寝皮，有的提出先杀李鸿章以谢天下，然后废约再战。所以，李鸿章不止几十年来苦心经营赖以秉政的淮军灰飞烟灭，老本蚀尽，自身也是身败名裂，连三眼花翎都被拔掉了。此时的李鸿章，老病交加，签完条约回到天津，如过街老鼠人人喊打，藏在家里不敢出来，往日门前“车如流水马如龙”，一夕之间，“门前冷落车马稀”，此时此地，还有谁会来“拜见”他？有！袁世凯看到天下人“以怨毒集于李之一身”（梁启超语），却当即向督办关外军事的刘坤一销差，不避嫌疑赴津谒李，输诚致意，李鸿章此时的感念可想而知。其实，袁于此际来安慰李鸿章，于他政治上并无多大风险，而就打动人心来说，雪中送炭的效果总比锦上添花要好得多。别人或者见不及此，或者也许有此识见而无行此手段的胆略，而袁世凯则二者兼备。所以，当1901年李鸿章为议和八国联军而再起的时候，一个流传很广的说法就是李鸿章在其留给慈禧的遗折中（李在草签《辛丑条约》后去世）保荐袁世凯代其北洋疆臣领袖的地位，视其为北洋的衣钵传人，有“环顾宇内人才，无出袁世凯右者”这样的激赏之语。当然，后来有人考证出李的遗折中并无保荐袁世凯一事，但前述说法也非毫无来由，李鸿章对袁的确是提携推重不遗余力。李鸿章战败的时候，袁虽因指称淮军积弱之弊而赢得李鸿章的对头李鸿藻的青睐，但在人身上却并不攻击李鸿章，相反在私交上和李有同病相怜之感。同样，戊戌年翁同龢被罢斥，满汉枢臣无一不噤若寒蝉，纷纷表示与之疏离，而翁走至天津时，时在小站练兵的袁世凯却修书一封，附上一叠银票，托亲戚面送翁同龢。

袁世凯搭上庆王这条线，是袁的“事业”更上一层楼的起点。“朝中无人莫做官”，可以说，袁世凯任外朝封疆大吏而能遥执中央权枢，主要就是因为他有庆王这样硕大无朋的“靠山”，甚至，在那些稍微清高一点的官员眼中，“庆袁”简直就是“狼狈”的代名词。袁世凯在41岁的壮年就登上直隶总督的高位，清廷对他的这番“恩遇”，比待曾国藩和李鸿章这些中兴名臣有过之而无不及，袁得此提拔主要就是他靠在荣禄这棵大树下。但庚子之后，荣禄体气大衰，袁就想着得找新的靠山了。这时候庆王开始得到慈禧的信任，他对袁世凯一心巴结荣禄不免有些酸溜溜的“怨妇”心态。他对人发牢骚：“袁慰庭只认得荣仲华，瞧不起咱们的。”袁世凯的耳目遍布京城，京中的风吹草动都能明察秋毫，他提前得到庆王将取代荣禄的军机处领班地位这一消息，立马从北洋经费中拨出十万两银票，令部下杨士琦密赠庆王，话说得非常漂亮：“袁宫保知道王爷不久必入军机，在军机处办事的人，每天都得进宫伺候老佛爷，而老佛爷左右许多太监们，一定向王爷道喜讨贺，这一笔费用也就可观，所以这些微数目，不过作为王爷到任时零用而已。以后还得特别报效。”庆王那个感激啊，简直可用“受宠若惊”来形容，你看，袁宫保比咱自家还体贴自己！的确，袁世凯没有食言，后来庆王府的用度，几几乎完全由北洋经费包下来了。袁世凯的投资都是有回报的，此后庆王在军机处的任何大政方针、用人用事几乎都先听袁世凯的意见。后来御史徐丁超参劾庆王云：“金店办捐而商贾售真名器，异端言事而庵观作小朝廷。孩童乳臭，攘部首之尊，儿女姻亲，踞藩雄之任。”可见其贪鄙。“孩童乳臭，攘部首之尊”是指袁世凯为了讨好庆王而保荐庆王爱子（也是花花公子）、二十七岁的载振任新设立的商部尚书，载振和庆王当然也会投桃报李，后来东三省设总督巡抚，其全部人选就是出自袁保荐。但要说庆王是个十足的糊涂蛋，却又未必，此人心里其实很亮堂，沟沟坎坎经历得不少，否则以慈禧识人用人的精明，不会如此倚重他。

本来，载沣当政之初，在一帮满族青年亲贵的撺掇下，他是打算一不做二不休除掉袁世凯的，但庆王说了一句很关键的话："除掉袁世凯很容易，可是你能保证他手下的北洋军队不兵变？"这句话吓住了没有胆略和决断的载沣，加上张之洞等满汉大臣力谏说，皇上刚登基就诛戮大臣不祥，这样才保住袁世凯的性命。

袁世凯当上民国的大总统后，满族亲贵成了靠民国施舍的"破落户"了，但袁世凯没有过河拆桥。虽然庆王在满清皇族中已经没什么影响力了，袁对庆亲王这些曾和他穿一条裤子的满人元老还是时时接济照顾。这些念旧之举，固然是为了保住满洲贵族对新生的中华民国的"效忠"而有意为之的收买，但也有袁世凯个人的感情在里面。虽然袁世凯后来声名狼藉，但他一生都非常在意自己的名声，他绝对不愿留一个"凉薄无情"、"过河拆桥"的恶谥。袁世凯在辛亥年逼迫清室退位的时候，扭扭捏捏，遮遮掩掩，一个原因就是不愿得一个"欺负孤儿寡母"的名声。

阮忠枢是袁世凯的心腹幕僚，他们订交早在袁氏甫及弱冠的时候，就是他早年一次去上海后回家的路上。两人旅次交谈，相见恨晚，当时就结拜成兄弟。后来袁世凯官山东巡抚时，阮忠枢就入袁的幕府，成了袁世凯最信任倚重的心腹之一，多少文案中，阮稿最当袁意。所以袁的成功，阮的辅佐功不可没。然而，一入民国，因为袁的事业日张，手下人才荟萃，阮渐渐跟不上形势了，尤其文案一道，因为"民主"、"共和"这些新词一时层见叠出，而袁世凯是最能花样翻新的人，所以在文字方面借重阮的地方就越来越少了。袁身边的人也认为阮已经失势，不足为道了。加上阮对袁的称帝也不以为然，所以别人看得二人关系疏离已远。到袁世凯称帝的时候，他授意成立一个由核心成员组成"十人委员会"主持复辟事宜，明眼人一看就知道，这十人是袁精心选择的他最器重的人，却也是他认为对他的功业贡献最大的人，一旦袁氏家天下成功，这十人就是居功阙伟的显要。不料，他斟酌再三，竟还是将阮忠枢的名字署在这名单的首位，这一举动，让很多人不解，也让很多人心服。因为这一“叙功”名单，原来对袁有“幽怨”之心的袁氏旧人，对袁感激之念又生。毕竟，宫保是个知恩图报，不忘旧谊的人。

后来袁世凯和唐绍仪因为总统和总理权职之争闹得不欢而散，唐绍仪一气之下辞职离京往津。袁急忙派段祺瑞、徐世昌两人联袂到天津劝他回心转意，唐坚辞不就，袁还想转圜，先发布唐以病假休息，其后知无可挽回，才不得不准其辞职。这一次决裂之后，唐绍仪在袁氏生前再也没有和他见过面，可见心伤不浅。他帝制失败时，段祺瑞、冯国璋这些一手提拔、曾经生死与命的将领和他若即若离，他最器重的四川都督陈宧，湖南都督汤芗铭，以及早在袁十几岁时就带在身边的唐天喜，这些人纷纷离叛，才是从精神上打垮他的真正力量。因为他最看重和这些人的交情，也一直认为这些人是最不可能背叛他的人。他和这些人的私交深浅，从对这些人的称呼就可以看出。他要自己的子女称呼段祺瑞为姐夫，因为段的夫人张佩蘅是袁世凯收养的前清大员张芾（曾任江西、广东巡抚，死后清寒，留下妻女无处安身）的孤女，张氏视袁家为娘家。他要子女称呼冯国璋为“四哥”，大概因为冯国璋在家排行第四，冯国璋的续弦夫人周砥，既是袁世凯督直时创办的女子学堂的学生，又曾做过袁氏子女的家庭教师。就个人恩遇而言，袁对他的部下的确不薄。这样亲如一家的关系，结果说散就散了，怎不让他绝望？

当然，袁世凯念旧，为人圆融通透，也不是说这人是好好先生，谁都不得罪。恰恰相反，他是一个恩怨分明的人，尤其是在私交上，他远不像官场上那样沉着冷静，唯利是图，而是颇多负气之举。然而，恰恰是这些率性而为的举动，才使得袁世凯显露出常人的性情，使得他不是一个简单的精明的利益计算机器，而是个有血有肉、有情有性的活生生的人。

袁世凯对于看不起他的人从来都是怀恨在心。年轻时他想到北京谋出路，向他的小舅子借钱，而他小舅子对他不屑地说："你到外边能找到什么事？去了也是白糟蹋钱！"不肯借钱给他。后来袁世凯当到直隶总督了，这位小舅子来投靠他，第一次他接待了，但气咻咻地说："外面没什么事情好做，你还不如呆在家里。"第二次就再也不肯见他了，也无一文馈赠。而对当年支助他到北京的舅舅，则馈以5000大洋。袁世凯的生母刘氏病逝归葬，因为刘氏不是正室，袁世凯大哥不许葬入祖坟正穴，官居总督的袁世凯一心想为生母争一个名分，始而软语相求，继而疾言厉色，但终究拗不过袁氏"家法"，袁世凯大怒，一气之下为刘氏另购墓地厚葬，而且终生不再和他大哥见面。他后来罢斥之后，宁愿到别处购地另建居处，也不回他大哥占据的项城老家，其间怀恨之深可见。

袁世凯自身所处炎凉转换之境不少，最著名的当然是他在洹上韬光养晦的三年。很多部下故旧都明的暗的来和他沟通联络，输诚致意，但也有些以前承他照拂的人，在这三年中对他不理不问，似乎生怕沾上晦气，等他1911年再起复大用时，却又来求到他门下，急急露出一副热衷肠来，袁世凯对此辈则一律冷面相对。至于那些曾经看不起他，他又无可奈何的人，他倒也能相安无事——他只能如此。他尊重强者的力量。

1901 年袁世凯升任直隶总督，借着回乡葬母的机会，特意兜了一个大圈子，从河南经武汉上海绕回天津——他现在是疆臣之首，但从无和其他封疆大吏结交的机会，所以借机联络一下同僚感情。不料，在武汉，张之洞给了这位红人一个冷场。原来，张之洞此人饮食起居完全无常，往往夜半办公用餐，白天酣睡，而且时睡时起，无人知道他到底何时会睡何时会起。这天，在欢迎袁世凯的宴会上，此公和袁世凯杯盏交谈不一会，竟然悄然垂首而鼾声大起。满座衣冠无不尴尬，面面相觑，又不敢去喊醒他。倒是袁世凯淡然一笑，摆摆手，再低声应酬一会，起身散场。等到袁世凯官仪起行放炮，张之洞才恍然惊醒。清末新政，张之洞和袁世凯同入军机，张之洞每有动议，几乎必力邀袁世凯同署，袁世凯也很配合，好似毫无芥蒂。袁世凯知道张之洞以探花的出身，看不起自己的“不学无文”，但彼此皆是英豪，也就无之如何了。

4. 友与敌

“消灭敌人的最好办法”，按照林肯总统的说法，“就是将敌人变成朋友”。北宋的开国大将曹彬，在皇帝让他出征的时候，非得一再恳求让皇上的亲信太监田钦随行监军。曹彬才能出众，人品正直，而田钦只会溜须拍马，搬弄是非，所以曹彬周围部下和朋友大为不解。曹彬解释道：“我知道田钦不是什么好东西，把他拉来随我一起出征，而且请他做监军，就是为了我在外征战的时候没有后顾之忧。他留在皇上身边，肯定说我坏话。他和我呆在一起，我成功了他可以分享我的战功，我失败了，他也得承担责任，这总比让他在宫内一张嘴陷我于万劫不复之地要好吧？”看来，曹彬并非一介武夫。美国的林登·约翰逊总统说："与其让那混蛋在你的帐篷外边冲你帐篷里边撒尿，还不如将他拉进你的帐篷来，让他从里冲外边去撒！"这就要有化敌为"友"的艺术。

对于政治上和他有利益冲突的人，袁世凯首先想到的一定是笼络结交，试着建立私人感情，将对手笼络为自己人。观其一生，在政坛真正和别人决裂到誓不两立的情况少之又少。袁世凯当大总统时，创设参政院，罗致不少前朝元老为参政，有人诘问他，共和民国岂能任用如此多的满清"余孽"？袁回答：汉之良相即亡秦之退官，唐之名臣即败隋之故吏，政治不能凭虚而造，参政责任繁重，非富有经验者不理。诘问者倒无辞以对。从袁世凯的对答，很可窥见他的政治敌友观。这些前朝故吏，在他摇撼满清皇室宝座或者帝制自为的时候，很可能是他的敌人，但在维持民国政局稳定、积累自身总统声望的时候，则无疑又是友朋。

他总想留着和别人见面的余地。即使对孙中山一派，他最初还是极力想笼络以为己用的。他私下对自己的心腹说过这样的话："他们（指革命党人）来了，我们当然是欢迎之不暇的，但是要在我这个圈儿里。"意思是只要革命党尊他为首，他并不排斥革命党。得罪过他的人，只要愿意此后为他所用，他也可以做到"前嫌尽释"。袁世凯小站练兵被御史胡景桂参劾，巧得很，袁世凯当山东巡抚的时候，胡景桂就被分派到袁的手下当按察史，这位胡御使恐怕赴任途中一直在忐忑不安吧。他在战战兢兢中，唯有万事小心，竭力办事。结果，袁给胡景桂的考语是"该员诚朴亮直，能任劳怨。讲求刑名捕务，均能实事求是"。这道评语，却也当得上"实事求是"。更为难得的是，庚子年胡景桂之名莫名其妙地上了八国联军要惩办的“战犯”名单，此时袁世凯却向德国驻烟台领事为其解脱说，胡是被冤枉的，因此救了胡一命。后袁世凯升任直隶总督，又请胡出任直隶学校督办，辅佐自己兴办新政事宜，胡也竭心尽力。从袁世凯对胡景桂的种种举措来看，袁世凯真有帝王胸襟——用人唯才，不计较恩怨，凡有利于自己的事业，即是自己的朋友。收服胡景桂，使为己用，这是袁世凯化敌为友的最佳范例。

如果无法和政敌建立坚固的感情纽带，并收为己用，他就试着赤裸裸地收买。他对孙中山黄兴一派开始也用这一套。他当上临时总统后给孙中山“铁路督办”这一肥缺，给予大笔经费，自有任孙中山取用金钱的用意。当然，其中也有陷人入套的意味，后来袁丑诋孙中山，所示孙中山的一大“罪状”，就是贪墨巨额铁路修造经费。

如果收买还不成，那么只要对手不打上门来，他会竭力避免正面的冲突。他早年在朝鲜被吴兆有参劾，他除了打消这一场无妄之灾外，倒并不在上司面前反说吴某人的不是，避免了两败俱伤的结局，这或许得益于他叔父袁保龄的教导：“行有不得，反求诸己。”“汝在津万勿谈孝庭（吴兆有的字）一字短处。此事关人福泽度量，非仅防是非也。”袁世凯回到北洋衙门，果然对吴兆有等人无一字怨言，语谈更不涉朝鲜期间的是是非非。李鸿章倒有点按捺不住地提及吴兆有对他的丑诋，袁世凯回答：“我若有错，谁都可以说。我若没错，错就在说我的人，与我有何相干？”这一应对使李鸿章十分欣赏，评为“胆略兼优，能持大体”。

最后，实在到了狭巷相逢，短兵相接的地步，则袁世凯的狡猾毒辣、无所不用其极就派上用场了。这时候他会像猎豹一样猛扑向对手，毫不容情地将其撕为碎片!

1907年的丁未政潮，以直隶总督兼北洋大臣袁世凯和军机领班庆亲王奕劻为一方，以军机大臣瞿鸿禨和慈禧太后的红人、邮传部尚书岑春煊为另一方，表面上是围绕在新政中如何改革而发生分歧，但实际上是为争夺清政府的中央权力而演出的一场龙虎斗。双方都不是省油的灯，这其中百折千回、惊心动魄之处，简直让人目不暇接。

袁世凯一方开始时是处于下风的。瞿鸿禨为人清廉方正，学问辞章都是上上之选，加上他正当壮年，办事精明利落，也并不守旧，1901年年初开启清末十年新政的那一著名诏书，就是瞿的手笔。所以，他很得慈禧太后的赏识。岑春煊则是慈禧太后面前一等一的大红人，因为庚子年慈禧逃难途中护驾有功而开始发迹，因为参劾贪官污吏不留情面而直声大著。对照起来，庆王贪鄙庸碌，索贿成性，袁世凯虽有能员之称，但其政以贿成，官以赂取，勾结亲贵，交通中外，也是有目共睹的。

袁世凯一意要推动大清朝的新政，因为他至少可以借着新政攫取更多的权力，而且他明白大清再不改革，瓜分豆剖就在指顾之间，果真如此，那他的官也做不下去，权也无处可捞。可是，瞿鸿禨目光如炬，看得明白，袁世凯的野心没有止境，他的崛起会危及到大清朝的根本，所以忠于大清朝的他要竭尽全力遏止袁世凯的政治扩张。他对袁世凯的印象早在1903年就形成了，当时瞿鸿禨已经入值军机处两年多，袁世凯以直隶总督之职，和庆王勾结，遥执北京朝政。忽然有一天，慈禧太后宣谕袁世凯入颐和园觐见，袁居然领兵入京，兵队全副西式武装，其声势煊赫，不可一世。当时就有人作诗，将袁比作东晋时的权臣桓温。瞿鸿禨和王文韶两位军机大臣在颐和园的玻璃窗内看到了这一幕，两人“凭几而坐，默然不言者良久”。

历史就是这样开玩笑：它让一个“声名狼藉”、“道德败坏”的人坐上了“改革者”的位置，而让一个清廉正直、忠心耿耿的人不得不站在这个改革者的对面。在道德上衡量，袁世凯唯一有点亮色的地方就是他不吸鸦片，也禁绝自己身边的人吸食鸦片，而瞿鸿禨则是个不折不扣的“鸦片鬼”。

说实话，袁世凯实在不想得罪眷望正隆的瞿、岑二人。传闻瞿鸿禨刚入值军机时，袁世凯以疆臣之首的直隶总督身份，向瞿鸿禨递门生帖，投怀送抱，希望拜瞿为老师（瞿曾当过河南学政），结果瞿鸿禨婉拒。此说或许不确，但袁确实曾托人疏通，想和瞿鸿禨修金兰之禊，结果又被挡了回来。袁世凯还是不死心，瞿鸿禨二子结婚，袁世凯送来八百两的贺仪，瞿鸿禨也以礼重太过为由退回去了。袁世凯的热脸送上来，总贴上瞿鸿禨的冷屁股，因为瞿鸿禨信奉的是“君子之交淡如水”。

但这一场政争的结局，是瞿鸿禨被慈禧斥退回籍。当时，慈禧已经有罢斥庆亲王的打算，她将这计划说给瞿一人听，结果瞿异常兴奋，回去就跟自己老婆说了，他老婆多嘴，又将这事说给瞿鸿禨的爱徒，办《京报》的汪康年的夫人听，而汪康年曾经是康梁维新派的滩头阵地《时务报》的经理。很快，这一消息就在京中流传开来。袁看时机已到，唆使英国大使夫人在陪伴慈禧的时候探听这一消息是否属实，慈禧愕然不知所对，心中对瞿泄密大光其火。袁世凯又收买一位向有清誉的御使恽毓鼎狠狠地添了一把柴火，恽跳出来参劾瞿鸿禨“暗通报馆，授意言官，阴结外援，分布党羽”。关键的是，庆、袁将瞿鸿禨和维新派挂起钩来，说瞿鸿禨有和维新派合谋逼迫慈禧太后“归政”的计划，这一下触到了慈禧的痛处，瞿鸿機不由分说被罢官回乡。接着，袁世凯设计剪掉了瞿的盟军岑春煊，办法是各取岑春煊和康有为、梁启超、麦孟华的单人相，在上海托人秘密合成一张几人亲密交谈的合影，然后托李莲英送给慈禧太后。慈禧晚年对康梁一党深恶痛绝已到歇斯底里的程度，加上当时照相技术引进中国不久，慈禧根本分不出真假，恨得咬牙切齿地斥退了岑春煊。在这一阴谋中，李莲英起着关键作用，因为慈禧绝对不会怀疑李莲英对她的忠诚，可李莲英早就被袁世凯收买了。

这一役，袁世凯靠着阴谋诡计大获全胜，他的对头被他整得灰头土脸，毫无还手之力。袁世凯是个狠角，其手段老辣在晚清政坛上无出其右者。这些手段，到民国又一一使将出来，整得革命党人仰马翻。宋教仁、孙中山、黄兴这些人都因为和袁争权而栽在袁世凯手里，宋教仁更是连命都丧了。黎元洪性情冲淡一些，对权位看得不那么重，表面上对袁还是非常恭顺的，在袁未发动帝制之前都是坚定站在袁世凯的一边，所以袁世凯虽然将他软禁在中南海瀛台，但在生活待遇、政治地位等方面都尽其所能讨其欢心，保全了他的性命。而且，袁临死时授意将总统位置留给了黎元洪，继承的顺序其次是徐世昌，再次是段祺瑞，而不是一般舆论讽刺的那样留给他的长子袁克定。但有人说这是袁世凯帝制失败后不得已而为之，勉为自己遮羞，好表示自己当皇帝不是为袁氏家天下。

袁世凯对他的政敌一向都是采取这样的“三步走”。他对满洲亲贵中的后起之秀良弼也是如此。袁世凯在清王朝最后几年权势日高，但遭到满人排挤也日渐明显。他看到良弼那种落落不群的气度，开始时就极力笼络，委他任第六镇第二十三标的标统。当时的标统已算一个显职，良弼以初归国的年轻留学生一跃而为高级将领，袁世凯对他的器重和拉拢是不言而喻的。可良弼一心想振兴满族，醉心于重整康乾时代满人的武功，根本就不愿为袁所用，对袁的任命光领薪而不到职，反而此后和另一满人中的佼佼者铁良一起一心排挤袁世凯。所以袁世凯在辛亥年对良弼等人的手段也就不留余地。被罢斥前，袁世凯为了释嫌去忌，主动将自己练就的北洋精锐交由铁良（陆军部尚书）掌握，铁良一度统帅了北洋六镇中的四镇。但这些人仍然不放心袁世凯。慈禧老病，袁世凯看到载沣即将当政，开始时也是极力向载沣表示好意，据说，溥仪能得承大统，袁世凯在慈禧面前是暗中出了不少力的，载沣以皇帝之父的身份摄政，袁也鼎力支持。袁做这些都是意在向载沣表明自己的恭顺，可惜这些俏媚眼都做给了瞎子看，载沣一上台就拿袁世凯开刀，做“排汉兴满”的饮鸩止渴之举，就此结下了和袁世凯的不解之怨，袁世凯讥之为“自毁干城”。

袁世凯在晚清最后几年中最大的敌人，是满清的新贵，但这一批敌人，他却无法以阴谋诡计直接打倒，毕竟此时的天下属于爱新觉罗氏，他袁世凯再能耐，也是“护持神器”的外人。只要满族的皇权还存在，袁世凯就不可能再有所作为，“势有不能”。袁世凯不管在直隶任上多么有势力，一声令下，宣他进京他就得乖乖进京；他做军机大臣时才干贡献中外有目共睹，一纸诏书，让他滚蛋他就得仓惶滚蛋。这都是因为，此时中国的政治结构和局势仍然以皇权为单一的中心，他只能围着这中心打转，而辛亥以后，南方异军突起，兴起了另一个政治权力中心，他才有了更大的腾挪空间。

常说辛亥革命之所以成功，是因为民主共和的革命观念战胜了改良保皇的维新思潮，其实还有另一股或许能量更为巨大的激流在起作用，这就是晚清越来越激烈的种族革命观念和越来越严格的满汉之分。在镇压太平天国时，满人需要汉人帮忙。据说此时当权的满人肃顺却极为看不起满人，他索贿也只冲满人下手，却从不敲汉人的竹杠，这也是慈禧联合荣禄诛杀肃顺时得到满人大部支持的一个重要原因。同治三年太平天国失败时，十缺总督中汉人有其八，十五缺巡抚尽为汉人，但到戊戌变法时，一帮满族亲贵觉得汉人势力日张，威胁到满族的统治，这才是慈禧等保守派最为忌讳、害怕的地方。在维新变法表面上进行着的时候，满人实际上在加强对政治权力的控制：汉人大员翁同龢开缺，满人荣禄、刚毅、崇礼等进驻大学士、直隶总督等要职，四川总督、江苏、江西巡抚等要地也尽入满人囊中。满族亲贵对汉人大臣越来越不放心，这一点从庚子事变中那些满族顽固派诛杀汉人开明大臣如许景澄、袁昶、徐用仪等来为义和团祭旗立威就可以看出来。而汉人对满族皇朝离心离德，也可以从庚子变乱中殉清大臣的畛域分明窥得一二。八国联军入京的时候，殉节的大臣为数也不少，有的还是满门殉节，但汉人大臣中四品以上的大员却只有国子监祭酒山东王懿荣一人。戊戌维新失败，和平解决满汉民族矛盾的机会失去了，一直到袁世凯等人推行新政，消除满汉矛盾的措施才又缓慢地提出来，但当政者却对此虚与委蛇。

等到1906年袁世凯等人操持的新官制改革（袁世凯希望获得内阁总理的职位）结局一出来，袁世凯却发现自己竹篮打水一场空，出来一个满人几乎囊括所有重要权力的新内阁，此后，不管在朝在野，汉人官僚、士绅大为愤懑，均认为此等只顾揽权统治而又排挤汉人的政权再无合作维持的必要，由此孙中山等人领导的革命党提出的种族革命观念才获得现实的号召力。

托克维尔在揭示法国大革命的起因时说，当法国的贵族承担着管理社会的责任时，他们的特权被认为理所当然，而他们管理社会的职能被法国的王权逐渐剥夺以后，他们的特权就变得令人憎恨了。他们享受权利而不承担责任。同样的道理，当满清政权为它治下的子民带来数千年历史中首屈一指的“康乾盛世”时，满洲人的特权是可以容忍的。而当这个政权再无法为其子民提供和平、稳定、繁荣与尊严的时候，满洲人的特权就成了太阳底下的罪恶。有多少满洲贵族明白这个道理？当年的光绪或许明白，他的兄弟却无疑是糊涂的。

正如外国学者梅卡伦在《中国的维新运动 (1898—1912) 》一书中所说："消除满汉畛域是一项重要的政治和社会举措，满人的特权地位是激怒汉人的根源，也是威胁清廷统治的一个祸根，清政府在理论上对此给予了相当的注意，但实际行动很少，特别是摄政王载沣在消除满汉畛域上的倒退，最后毁灭了这个本可以比其他改革更能为清廷赢得良好声誉的改革。”假使当时中国的统治者不是爱新觉罗王朝，而是汉族的什么王朝，那么，在社会转型当中就少了一项种族间的猜忌和倾轧，也许比较容易实施像日本那样的立宪步骤。

袁世凯 1908 年被罢斥时，前去送行的只有汉人严修（此人为抗议朝廷对袁世凯的无理处置，接着就挂冠求去了）、杨度和满人军机大臣那桐的弟弟那晋（应是受其兄之托）。当时张之洞对满人新贵排挤袁世凯有兔死狐悲之感，对人说，“行将及我矣！”

5. 德与行

因为袁世凯秉承一种完全实用主义的“敌友观”，他往往被人斥责为无原则、无信仰、无道德的野心家。在戊戌政变后，张謇在日记中鄙夷地评论袁世凯：“此子反侧能作贼。”

通常，君子总是赞赏有节操的人，小人则会厌恶讲道德的人，因为道德让他感到一种来自本能的威胁。也许，袁世凯所掌握的“帝王术”中，还应加上一条：对君子以君子之德服人，对小人以小人之道治之。让君子感念你，让小人害怕你，这样就可以同时获得君子的支持和小人的服从。对于君子，最好和他讲道德，但偶尔也可以做小人，因为他习惯你的君子面孔之后，轻易不会怀疑你是小人，而且他也绝对不会用小人手段来对付你；对于小人，绝对不能和他讲道德，在他面前做君子，而是应该做一个比他更“大”的小人，因为，小人从不会放过任何一个压榨和利用君子的机会。小人不怕君子，只怕比他更厉害的小人。但是，这个“帝王”应该心知肚明：这两副面孔都只是面孔而已，应该随时准备替换，这样才能做一个好的“演员”。

袁对于与自己道德信仰不同的人，就像他对待文人一样，一般来说也是“礼让三分”的，实在不行，他就“退避三舍”。他自己不做忠臣，但他还是能够包容满清忠臣，只要这些人不对他的权位造成实际的障碍。当然，他希望这样的人最好是为他所用。这就是对君子讲道德，用道德来笼络他们的人心。

当武昌事起，清廷不得已任袁为总理大臣时，华世奎以旧军机处领班章京资格，居阁臣（相当于秘书长）之位。华是一个倾心故主，誓不负清的“忠臣”，他和袁朝夕相处，看袁世凯对起义并不怎么在乎，对镇压也无切实筹划，颇有疑心，于是一有空闲就以扶持社稷、保卫幼主这样的礼义大纲苦口婆心地劝说袁世凯。他自己手无缚鸡之力，空有一番报主之心，所以只好动口舌之劳，这样的苦心孤诣，的确也堪怜悯。按道理，袁世凯这时已经打定主意要去清而代之了，身边有一个这样的满清“忠臣”老呱噪，他大概会起“去之而后快”的歹心吧？但袁世凯的应对颇有特色：每当华要给他灌输忠君爱国的大道理，不等他开口，袁就抢先“诚恳”地说出一番堂皇大话：华老您不必多虑，我袁家世受国恩，我受恩比你深，忧患绝不比你浅。说得华世奎张口结舌，满腹良言无法出口。但这人又实在不放心，惶急之下，走投无路，不时故态萌发，袁就总用这一招来封他的口。到后来，因为袁对清室的举动越来越不利，华也就越焦急，袁无法，只好避而不见。最后大局已定，开国务会议，袁讲了军事平乱的种种困难，华犹是书生之态，按捺不住地急急问道：“那该如何对策？”袁马上说：“那只有派使讲和！”说完，离座往办公室里面走，怕华跟他理论。到了门口，袁回头对失望已极的华说了一句：“皇室的尊严总得竭力保存。”因为他知道华对皇室的尽忠之心，自己以前让他碰壁无数，大概不免愧疚，他也看出华心有不甘，在拒其徒乱闻听的“逆耳忠言”后，他还是存心安慰了这孤臣一回。凡不利于清室的计划，都避着华，免得他泄漏阻挠，也免得华忧心如焚。而衡量华之为人，既然他对袁的个人权位无足轻重，不能为彼祸福，所以“牛不吃草也不强摁头”，对他并不加以陷害。而且，平心而论，他对华世奎保证的“皇室的尊严总得竭力保存”，他是做到了。华世奎在袁氏故后，对袁篡清室之位犹痛批不已，对袁的狼子野心骂不绝口，甚至痛哭流涕，但终究对袁的不加害于他，也颇感诧异。

其实，华世奎一介书生，当上军机章京也只是循资按辈取得，既无杰出干才也无扎实后台，袁却是平生杀人无数的“铁血宰相”，又何必对这样一个无足轻重的人畏而避之？然而，这恰恰就是袁的行事特色，是他不同于一般“枭雄”的地方，也是他高于他那些儿孙辈军阀的地方。他虽不做忠臣，但他对忠臣却非常尊重，所以他大概不会学明成祖朱棣那样，在篡了侄儿建文帝的皇位之后，为立威而夷了矢志忠于建文帝的大儒方孝孺的“十族”。他自己固然于道德无所顾忌，苟其利于自己的权位功业，他可以无所不用其极，但他也绝对尊敬那些有操守有道德的君子，甚至有意保全这些谦谦君子，所以曹操借刘表之手杀祢衡这样的气量狭窄之举，袁世凯大概也不屑为。当然，他保全这些君子的前提，是这些人不要对他的权力形成实质性的障碍。

他很倚重的幕僚张一麐对袁氏帝制自为很不赞成，劝说袁世凯多次而不果，只好暗中阻挠，但袁还是信任他。张一麐回忆，袁世凯被迫取消帝制之后，神情落寞，对他转而最为亲热，有一天居然三次找他谈话，实际上却并没有什么重要的话要说，一副欲言又止的神态。后来袁世凯终于将自己的心事一吐而快，对张说：“我到今天才知道，淡于功名、富贵、官爵、利禄的人，才是真正的国士。你在我的幕中几十年，未尝有一字要求官阶奉给，严范孙（严修，著名教育家，帮助袁世凯主持新式教育）与我交数十年，也未尝言及官阶升迁，你们二人都苦口阻止帝制，我有国士在前，而不能听从谏劝，我深以为耻。”他还说：“如今事已至此，那些推戴我做皇帝的人，难道真的有救国怀抱？前天推戴，今天反对的人，比比皆是。”

他对张一麐感慨道：“总之我历事时多，读书时少，咎由自取，不必怨人。现在我说这些话也只能与你说了。误我事小，误国事大，当国者怎么不怕这样的事呢？”“你对得起我，我对不起你！”对于上述一席交心之谈，张氏评说道：“人之将死，其言也善。项城能出此言，毕竟是英雄本色。”

袁世凯知道人心好坏之别，知道有德无德之分，他心里亮堂，对这些正人君子之道并不懵懂，他做着那些让正人君子不齿的事的时候，他知道自己做的事情无耻。他明白道德是怎么一回事，只是他不愿为之罢了，因为大多数情况下讲道德并不能够为他讲来权势功业。如果讲道德能讲来这些他梦寐以求的东西，他也不妨为之。这正是马基雅维里最为推崇的君主道德观，不想马氏竟在远隔重洋的东方大陆找到了他的知音。所以有人说，袁世凯真能做到“知耻而无耻”。在袁世凯与其关系人物的世界中，我们仿佛可以看到《史记》、《汉书》中某些帝王与其将相的故事在重演。

说来不奇怪，袁世凯的部下心腹之中，固然多心狠手毒之辈，鸡鸣狗盗之徒，但也有不少道德文章皆为一时之选的方正之士。在袁身败名裂之后，恰恰是这些人对袁有眷眷恋主之情，为他洗刷辩白。小人在他生前害怕他，因为他是最大的“小人”，而那些颇具道德和节操的人，对他却不乏正面之词，是因为他们愿意从正面去推测别人的用意。

也许，更重要的是，袁世凯有如此丰富的面相，而他将他最好的一面，展示给了那些君子。

6. 得失与恩怨

“尧舜假仁，汤武假义，此心薄之而不为”，这话是袁世凯年少时说过的。他既然没有打算以德服人，别人因利益攸关背他而去，他也怨不得。荀子说，“以势交者，势倾则绝，以利交者，利穷则散。”验之袁世凯一生，则真是毫厘不爽。袁世凯自愧读书时少，他读书要读到这一句，不知会作何感想。

1908 年，摄政王载沣为光绪“报仇”，罢斥袁世凯，让他回原籍“养疴”。袁世凯筑居洹上村，表面上过着隐居生活，优哉游哉，不问世事。为此他还叫人拍了几帧非常著名的照片刊载于当时影响很广的《东方杂志》：他哥哥袁世廉扮作渔翁，坐于船中，袁世凯扮作艄公模样，持长篙立于船头，似乎在向外了望。（一般的介绍认为袁做渔翁坐在船中，他哥哥做艄公，但据袁克文的说法则相反。）袁并为照片题诗两首，其中一首如下：身世萧然百不愁，烟蓑雨笠一渔舟。钓丝终日牵红蓼，好友同盟只白鸥。投饵我非关得失，吞钩鱼却有恩仇。回头多少中原事，老子掀须一笑休。这“投饵我非关得失，吞钩鱼却有恩仇”一联，用来解读袁世凯一生种种关节，倒是颇为恰当——只是要把上句反过来读，因为这时候他正在故作淡泊洒脱的时候。

袁世凯一生的功过荣辱、是非成败，全都系于“得失”、“恩仇”两词之中。比如，他因为戊戌政变的个人得失考量，而结下和光绪、维新派的种种仇怨，这反过来又影响于他后来的个人得失。他对辅佐他成事的一帮兄弟部下，结之以恩遇，待之以腹心，但最后还是不免因个人得失而分道扬镳。段祺瑞、冯国璋等人在他复辟时不肯作一援手，反而冷嘲热讽，因为他们从袁氏复辟中得不到任何好处，况且以他们的见识，也看到此事为天下之大不韪，他们不愿为袁氏的家天下火中取栗。据说在清朝垮台之际，袁世凯、段祺瑞和赵秉钧三人密约，助袁得到大总统位置后，三人轮流做总统，果真如此，则段祺瑞和赵秉钧当然不会帮袁把大清天下和民国变成袁氏天下，那无异于好好将自己本来可唾手而得的万乘之尊地位拱手让与袁克定。段祺瑞和冯国璋在 1915 年对付袁世凯的手段，正是 1911 年袁世凯施之于清廷的故伎。况且袁克定与袁世凯手下的大将们向来不合，这些功高勋著的部下看不起又惹不起这位“曹丕”（冯国璋在袁谋称帝时就对人发牢骚：袁克定“这个曹丕难伺候”。），当然乐意袖手看着他成为“扶不起”。而那些为袁氏复辟不遗余力“鼓与呼”的部下友朋，无一不是各怀鬼胎，冀有所得，将袁氏称帝看作一桩可大捞一把的无本买卖。

筹安会六君子中的头目杨度，竭力鼓动袁称帝，据说是受梁士诒唆使。梁是袁的“财神”，向来负责为袁的活动筹款。有传闻说，杨度老来手头拮据异常，这时候梁许诺他只要说得袁世凯称帝，杨氏的钱财用度不愁。况且杨度一贯有心作“帝王师”，他一想，自己从清末开始就力主君主立宪，大块文章都现成，写几篇鼓吹君主立宪的文章还不是易如反掌，所以一口答应下来，开始想着法子劝袁世凯称帝。梁士诒如此热心为袁世凯张罗做皇帝的事，则是受了袁世凯长子袁克定的要挟。原来，梁士诒久掌各路财源，难免手头不干净，1915 年其交通系众多得力干将正因铁路问题被参劾，眼看自己的金位也将不保，这时候袁克定出来打圆场，说只要梁士诒尽心支持袁世凯称帝，则“交通大参案”可消弭于无形。（此中内幕，《新编古春风楼琐记》第一卷第 231 页载之甚详。）梁士诒闻得此言，如捞起一根救命稻草，对袁克定的要求岂敢推辞？他回去和心腹参谋及手下计议，结论是，“同意则不要脸，不同意则不要头”，我辈还是先保住项上人头要紧。袁克定如此曲里拐弯地要将他老爹送上皇帝宝座，却并非真心为袁世凯打算，这其中包含着他极大的私心——袁克定野心极大而又才干欠缺，他亟欲借老爹的威风夺得大权，而对他来说，夺权的最好办法，就是将民选的总统变成他袁家的一姓皇帝，由他老爹直接将权棒递到他手里。辛亥年袁克定就在暗中联络袁的部下，直接给袁来一个“黄袍加身”，1912 年北京兵变，初因也是袁克定在背后捣鼓政变，以武力拥簇袁世凯登基，但冯国璋的禁卫军不配合，就转而演变成了兵变。早在袁世凯宣布接受帝制之前，袁克定已经私刻“皇太子”金印了，而且为了杜绝其二弟袁克文继位的可能，有诸多对袁克文不利的举动，其急不可耐之状令人作呕。此外袁克定还有断袖之癖，则他当皇帝的障碍不止是跛足这一条了。此人稍有其父之风的地方，也许就是 1937 年后虽穷困潦倒于京城，却坚拒落水做汉奸。

当然，袁世凯也不是对当皇帝毫无兴致。恰恰相反，他自己对当皇帝也很有瘾，一旦被这个念头缠住，就再也放不下，只是开始时，他还没有完全丧失多年来练就的判断力，还有点忐忑不安，觉得事不可为。1914 年时，国内已统一于袁氏铁腕之下，当时京城即有人提倡帝制，而袁的态度却镇静如常，并未受其蛊惑。当张一麐将外间此种传言议论传之于袁世凯时，袁世凯坦言：“革命党人，弥漫全国，恨我切骨，我岂肯自投罗网，弄来滔天大祸于国家子孙？仲仁知我，我决不做此等傻事。”此番话，说是伪饰之词也好，说是真诚之言也好，都可见其对形势判断尚为精准。到得后来，他完全被一帮“拥戴”他的人包围得水泄不通，他自己也有意无意地疏远那些直言犯谏的明智之士，情形就为之丕变。最后袁氏称帝整个运作的核心，其实就是袁世凯自己了。结果，

“上有所好，下必甚焉”，诸多善于察言观色的宵小利禄之徒，竞相乘机而上，使得袁世凯利令智昏，于是看似半推半就，其实是欲拒还迎地登上了皇帝宝座，也把自己的头伸进了绞索的圈套。

1915 年 5 月 22 日，四川都督陈宧宣布独立时，通电全国，电文中有“自今日始，四川省与袁氏个人断绝关系”这样决绝的话，袁读到电文气愤至极，竟当场昏厥，醒来时，双目含泪，满面通红，羞愤之色难以名状。陈宧强调断绝和袁某的“私人关系”，那是说陈某并不和北洋系断绝关系，否则此后难以立足。但他是一厢情愿，因为段祺瑞痛恨此僚始则撺掇怂恿袁世凯称帝，终却落井下石，于是在袁死后，一力要严惩此帝制余孽。袁世凯临终前得知自请到江西前线与讨袁军作战的唐天喜（唐是袁世凯早年在家乡识得一个豫剧旦角，为袁所喜，十几岁就带在身边，几十年生死与共）被人收买背叛他时，精神靡顿，彻底垮了，躺在床上，目光呆滞，望着屋顶喃喃自语：“唐天喜反了！唐天喜反了！”袁世凯一世称雄，末路至此，惨淡光景，真让人感慨万千。

冯国璋在袁氏称帝时，出于自己的得失考虑，暗中拆台脚，“不左不右”，但对于袁的“知遇之感”，也还是始终不渝的，所以对袁的处境不禁内疚。就因为这样，当他看到了北洋政府国务院发来的通报“袁大总统薨逝”的电报的时候，竟自悲痛得大哭起来。据当时在他身边的参谋长师景云后来回忆：他看了那个电报以后，立刻嘴里就发出了“嗯”的一声，表示出不敢相信的神情，跟着便看到他的眼泪不自觉地流了出来。随后，他又拿起那个电报反复地看，边看边声泪俱下地说：“大总统这么一个英明人物，想不到会落到现在这样的结果！我受了他这么多年的知遇……”说到这里，终于情不自禁地伏在办公桌上，放声大哭。

袁世凯临终时，也许还有一点值得安慰，就是他曾经厚待过的几位女子，还是一心向着他的。据说段祺瑞的夫人对段在关键时刻不帮助袁世凯极为愤慨，竟至和段大吵，结果被段扇了两耳光。而冯国璋的夫人周氏，则代袁监视冯的一举一动，秘密向袁世凯写信报告。他在朝鲜时娶的一位朝鲜女子金氏，在他死后竟吞药自杀，虽然被救转过来，但后来终因吐血的后遗症身死，也算是为他殉了节。也许，女人的感情世界，她们对人和事的看法，的确和这些纵横驰骋的粗鲁男人，充满功名利禄与权力征伐的世界完全不同吧？

在这一场洪宪帝制中，袁大头精明一世，到头来成了被人利用的“冤大头”。袁若地下有知，对这种种恩怨，他真的能够做到“老子掀须一笑休”么？

袁世凯称帝失败，从大局来看是他逆势而上，从个人得失来看，则是因为他此举让原来团结在他周围的一帮高层猛将无利可图，而有利可图的只是一帮无行文人，和本来权位不甚突出而图以之自肥的将领罢了。再说文武之间和其内部，也不无恩怨是非之争。章太炎有一妙论，说袁世凯之败，“由于以三人反对三人：梁启超反对杨度，张一麐反对夏寿田，雷震春反对蔡锷。”民初，梁启超有意辅佐袁世凯，存着改造“武人”之想，所以和杨度一样可称为袁世凯之“最高国策顾问”一类人物，夏寿田和张一麐同为袁世凯幕中人，雷震春乃袁世凯心腹大将，而蔡锷则是袁氏极力想笼络的人物，这些人彼此政见和品行都扞格不合，任他袁世凯眼观六路耳听八方，也不可能将这些人尽纳入麾下，一方得志，另一方就必定出来搅局，总之弄得他和不成牌。

▲23 谭嗣同故居像

23 湘人佘德泉为谭嗣同故居撰联：壮矣维新欲杀贼而未回天终成国恨，快哉喋血屹昆仑以昭肝胆长醒吾民。此联化用谭嗣同豪迈之句：有心杀贼，无力回天；我自横刀向天笑，去留肝胆两昆仑。六君子就义于 1898 年 9 月 28 日，其时，袁世凯从朝鲜归国 4 年，小站练兵 3 年，如果说戊戌一役，袁表现尚不够成熟，那么戊戌之后，袁世凯则完成了从军事人物向政治人物的转变。

24 戊戌变法时的梁启超（左）和康有为（右）。1898 年的梁启超，年方廿六，两目精光，英气勃发，真乃不世出之英才。其时，康有为 41 岁，袁世凯也不过 39 岁。这一出年轻人的变法，洋溢着激情和热血，但却缺乏老练的政治经验，最终喋血菜市口，饮恨百日期。

▼24

▲25

◀26　27▶

25 54 岁时的梁启超，**26** 荣禄，**27** 戊戌变法时的袁世凯，**28** 在芝加哥的康有为。

菜市口六颗年轻头颅落地，许多人的命运也就此易辙，康梁远避他乡，梁隐入书斋，专研中西学问，终成一代大师。康成立“保皇会”，照片中是在芝加哥筹措经费的康有为。荣禄在戊戌年后正处于权力的巅峰，他敏锐地看出时局走向，可惜回天乏力，只能将重任交与袁世凯，而袁则化祸为福，一举从戊戌事败的困境中登上山东巡抚的地位，走上了权位升迁的快车道。

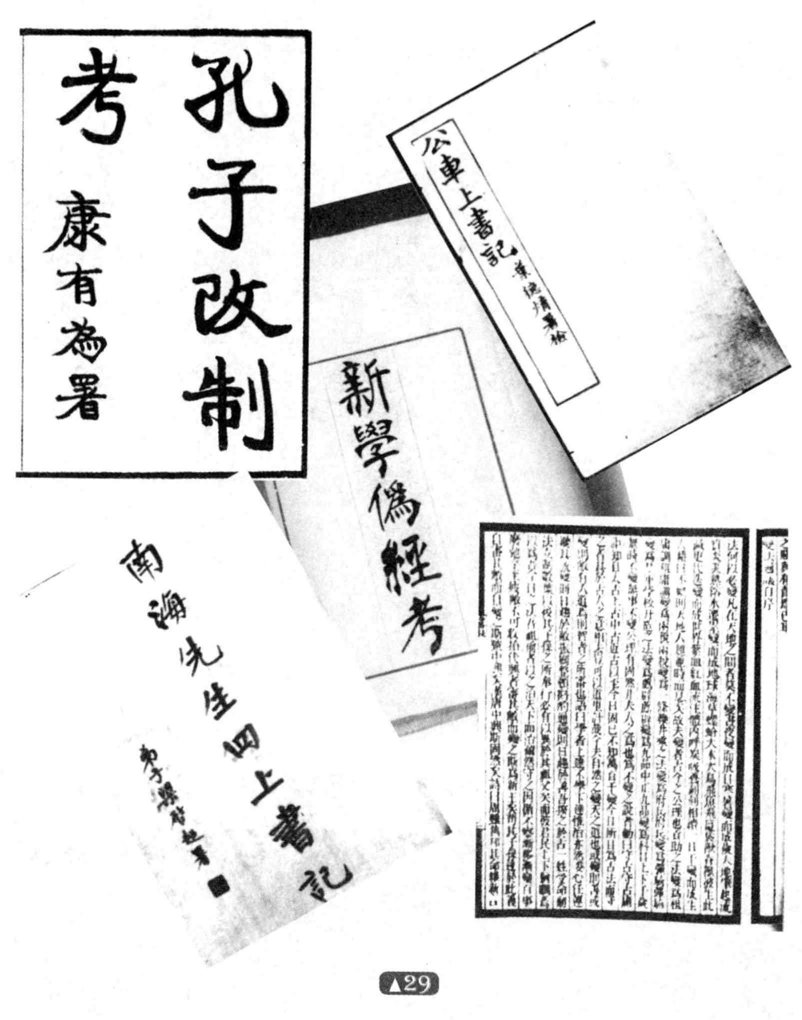

▲29

29 左上角为康有为在万木草堂期间撰写的《孔子改制考》，宣称："凡六经，皆孔子所作，昔人言孔子删述者，误也。"《新学伪经考》是康有为另一主要变法理论著作。1895年刊印的《公车上书记》，记述康、梁联合各省举人上书请愿的活动。1895年5-6月，康有为四次上书光绪帝，提出变法主张。1896年，梁启超的《变法通议》在《时务报》陆续发表，变法舆论达到高潮。

▲30

30“残雷”琴。清光绪十六年，谭嗣同以雷劈梧桐监制古琴，琴背面龙池之上刻“残雷”二字，其下刻有行楷三十五字：“破天一声挥大斧，干断柯折皮骨腐。纵作良材遇己苦，遇己苦，呜咽哀鸣莽终古。谭嗣同作。”均填以石绿。诗左下方刻长方形朱文印，篆“壮飞”二字。腹款刻“霹雳琴光绪十六年浏阳谭嗣同复生甫监制”。谭嗣同时年 25 岁。

北京贡院位于今北京建国门内中国社会科学院一带，当时考棚计有 9000 多间，三年一次的“春闱”、“秋闱”，考生就在这如蚁窝般的号房里，皓首穷经，这是中国独创的举国教育体制。江南贡院位于江苏南京城南秦淮河边，毗邻夫子庙，东接桃叶渡，南抵秦淮河，西邻状元境，北对建康路，科举制度废除 15 年后的 1920 年，这座拥有 20644 间号房的贡院已然衰落，考棚破败，曾经创纪录的辉煌一去不再。

▲31 1920 年的江南贡院

▲32 1900年的北京贡院考棚

京师大学堂是“戊戌变法”中硕果仅存的一项新政，成为后来新政的象征。科举制度废除之后，各类学校开始兴起，其中教会学校扮演越来越重要的角色，到 1919 年，已经形成“在华十四所”和“会外五所”构成的教会大学体系。教会学校将近代西方的教育制度植入中国，对中国教育发展影响重大，袁世凯巡抚山东时，就曾特聘山东影响最大的教会学校——文会馆第二任监督赫士，到济南筹办山东大学堂，即为山东大学前身。

▲33 京师大学堂旧址

▲34 清末民初教会学校的女教师和学童

▼35

◀36

35 彰德秋操检阅台旧照，**36** 彰德秋操时期英武飒爽的袁世凯。

戊戌年之后，袁世凯可谓意气风发，仕途亨通，一路风正帆悬，署理直隶，巡抚山东，总督直隶，担任北洋大臣，成为疆臣之首，这一地位在彰德秋操表现最为突出。光绪三十二年（1906年）10月，清朝在河南彰德府（今河南安阳）举行秋操，检阅新军，是为彰德秋操。检阅台上名流云集，包括后来中华民国的五位总统：袁世凯、黎元洪、冯国璋、徐世昌、曹锟，一位临时执政段祺瑞，共六位国家元首。还有内阁总理、部长几十位，至于名将、军阀，更是数不胜数。

新军为全国最精锐力量，湖北新军和北洋新军是新军中的翘楚，彰德秋操中，袁世凯仅凭北洋一镇和一个混成协，对阵湖北、河南新军大部，第一日便取得压倒性优势，试问全国还有谁可与北洋一战？可以说，此时的袁世凯已身兼军界元首和政坛大佬的地位，其登顶之时岂不指日可待？

▲37

37 彰德秋操时，北洋军官和外军军官交谈。

相较于南军总统官张彪背诵演习总方略时还需参谋长逐句提示相比，北洋军军官能够直接与外军军官进行交流，其素质不可谓不高，更厉害的是北洋军如铜墙铁壁般地阻止了民权思想影响军队，袁世凯治军手段之“高明”，由此可见一斑，其军事强人的地位一时无匹。

▲38

◄40　39►

北洋系的三驾马车，38 为王士珍，39 为冯国璋，40 为段祺瑞。

时称“北洋三杰龙虎狗”，袁世凯手下三员大将，北洋之龙王士珍，才智过人，计谋百出，北洋之虎段祺瑞，性情粗犷，将兵如虎，北洋之狗冯国璋，忠于北洋，善打硬仗。其中段祺瑞和冯国璋是袁世凯最为倚重的心腹大将，“北洋三杰”一时传遍街头巷里。

▲41

41 满清权贵。从左至右依次为军谘大臣毓朗，海军大臣载洵，军谘大臣载涛，闽浙总督松寿，署四川总督赵尔丰，协理大臣那桐，署理四川总督端方，总理大臣奕劻，理藩大臣善耆，度支大臣载泽，两江巡抚冯汝骙，农工商大臣溥伦。忠与叛，忠于谁叛于谁，恐怕袁世凯想到这些人就倍感压力。

奉
旨朕欽奉
隆裕皇太后懿旨前因民軍起事各省響應九夏沸騰
生靈塗炭特命袁世凱遣員與民軍代表討論大局
議開國會公決政體兩月以來尚無確當辦法南北
睽隔彼此相持商輟於途士露於野徒以國體一日
不決故民生一日不安今全國人民心理多傾向共
和南中各省既倡議於前北方諸將亦主張於後人
心所嚮天命可知予亦何忍因一姓之尊榮拂兆民
之好惡是用外觀大勢內審輿情特率皇帝將統治
權公諸全國定為共和立憲國體近慰海內厭亂望
治之心遠協古聖天下為公之義袁世凱前經資政
院選舉為總理大臣當茲新舊代謝之際宜有南北
統一之方即由袁世凱以全權組織臨時共和政府
與民軍協商統一辦法總期人民安堵海宇乂安仍
合滿漢蒙回藏五族完全領土為一大中華民國予
與皇帝得以退處寬閒優游歲月長受國民之優禮
親見郅治之告成豈不懿歟欽此
宣統三年十二月二十五日

內閣總理大臣 臣 袁世凱
署外務大臣 臣 胡惟德
民政大臣 臣 趙秉鈞
署度支大臣 臣 紹英 假
學務大臣 臣 唐景崇 假
陸軍大臣 臣 王士珍 假
署海軍大臣 臣 譚學衡
司法大臣 臣 沈家本 假
署農工商大臣 臣 熙彥
署郵傳大臣 臣 梁士詒
理藩大臣 臣 達壽

▲42

42 清帝退位诏书。大清宣统三年十二月廿五日，民国元年2月12日，公元1912年2月12日，大清国宣统皇帝退位，退位诏书最后一段写道：“近慰海内厌乱望治之心，远协古圣天下为公之义。袁世凯前经资政院选举为总理大臣，当兹新旧代谢之际，宣布南北统一之方，即由袁世凯以全权组织共和政府，与民军协商统一办法。”

至此，袁世凯心头大石至少落定大半，凡政权更迭，合法性为其最关键一点，无合法性，则天下皆可起而攻之。退位诏书远协古圣天下为公之义，指定袁世凯全权组织共和政府，为袁世凯夺取最高权力提供了依据。可以说，一纸诏书，可抵袁世凯两个北洋六镇。

◄43

▼44

45▶

43 晚年的慈禧太后，**44** 幼年光绪帝，**45** 隆裕皇太后，**46** 在屋顶上玩耍的溥仪。

有清一代，帝王多干才而少庸才，到晚清亦如此，只是皇帝继承大统多在年幼，光绪 4 岁登基，慈禧、慈安两宫皇太后垂帘至其 18 岁，宣统 3 岁继位，载沣奉慈禧遗命监国。贯穿整个清末，满清政权都处于老太后加小皇帝的政治生态中。

▼46

春日饮养寿园

背郭园成别有天，
盘餐尊酒共群贤。
移山绕岸遮苔径，
汲水盈池放钓船。
满院莳花媚风日，
十年树林拂云烟。
劝君莫负春光好，
带醉楼头抱月眠。

病 足

其一

采药入名山，
愧予百健步。
良医不可求，
莫使庸夫误。

其二

行人跛而登，
曾惹齐宫笑。
扶病乐观鱼，
渔翁莫相诮。

第三部

第三部

权力之锋

袁世凯在洹上村隐居时有名的遗迹，除了他那几帧照片外，就是一些故作闲散的诗作了。他最著名的诗，倒不是上面引用的《自题渔舟写真二首（之一）》，而是一首题名《登楼》的五绝：楼小能容膝，檐高老树齐。开轩平北斗，翻觉太行低。这一首小诗，时人的评价是“有曹阿瞒横槊赋诗的气度”。他到底要爬到什么地方，才不觉得自己所处地位之低呢?

看袁世凯对权位热衷到什么程度，只要比较他和翁同龢、瞿鸿禨三人被清廷罢斥时的不同情状就行了。这三人都是汉人，又都是在军机大臣任上被清廷斥退回原籍。

翁同龢是在戊戌变法时期因为得罪慈禧而被罢官。这一天有旨，先让他待在宫外。翁同龢私下想，自己的处分最过也不过是如甲申年恭王那样被赶出中央，甚至开去各项差使而已。结果诏书一下，他当场就捧着诏书哭了起来，因为他的处分不止是开去本兼各职，而且是被赶回老家，由地方官严加看管，以帝师之尊，等于斥逐，没有任何掩饰的礼貌言词，实在大出意料。1907 年，袁世凯和瞿鸿禨斗法，结果瞿鸿禨落败，被放归原籍。当时正是炎炎夏日，枢廷各大臣来到宫中稍微早了点，都解下冠带，在室内休息。等到诏书从宫中下来，大家都拥上来围观。瞿鸿禨本来学问很高，年富力强，稍微扫了一眼就将内容看得明明白白，看完就束带整冠，入宫内谢恩，谢完恩从容出来，没说一句话。宣统元年（1908），轮到袁世凯也被放归原籍。当天军机处已经散值了，摄政王又召世续和张之洞两人入内，将诏书给他们看，这上面的言词和处分比后来实际发布的要严厉得多，世续等力争，为袁世凯争得“开缺回籍”的处分。袁世凯看到诏书的时候，满面皆赤，强作笑容地说，“天恩的确浩荡！”当时正在办慈禧和光绪的丧事，袁世凯为恭办丧礼大臣之一，要轮日值班，这时候他忽然记起这件事来，说，“今天我当值，怎么办？”世续说，“我替你吧。”袁世凯半跪一下表示谢意，然后匆匆回家作自己的打算。听到这一消息，袁世凯家里人慌作一团，又是袁克定，出了一个好主意，劝他马上到国外去。袁开始犹作镇定状，后来子女妻妾都跪求，他也慌了，急忙叫张镇芳来计议出逃一事。第二天清早就换装秘密出奔到天津，戴着墨镜，火车坐的还是三等车厢。后来还是他一手提拔起来的赵秉钧向他报信，说张之洞说的，“袁宫保还没有向皇上和太后谢恩呢。”他这才惊醒，看来张之洞认为他不至于丢命，自己出逃得太慌张，连基本的君臣礼仪都置诸脑后了，忙又偷偷溜回北京，去宫中“谢恩”。要是这一次袁世凯按照原来想的出逃到英美（不敢去日本，日人恨之入骨），那就根本不会有后来倾覆大清王朝的袁宫保了。

翁同龢当场老泪纵横，那是觉得自己被斥退得太没面子，他这样的名士儒生，感时伤世，入世出仕，图的只是一个名声。瞿鸿禨磊落大方，从容沉静，他志在匡时济世，“道不行，乘桴浮于海”，毫不恋栈，有古君子之风。而袁世凯这时候忽然想起守丧轮值这样的小事来，其心慌意乱、悻悻不甘之情溢于言表。心理学家也许会说，袁世凯这时候是近乎本能地想找个借口留下来。他之所以狼狈潜逃，是存着“留得青山在”的打算的。

1. 高与低

政治斗争就和贴身肉搏差不多，狭路相逢勇者胜。但勇气来自何方？来自权力欲，一种遏制不住的要掌控别人命运的冲动和极度快感。恺撒在高卢的军营，展卷读着亚历山大大帝的传记，不禁潸然泪下，他说，亚历山大大帝三十岁的时候，已经征服了所有已知的世界，而我到现在还什么都没有做。拿破仑告别科西嘉岛，牵着他的战马，深深遥望着隔海的大陆，对他的初恋情人说，我注定要去改变整个欧洲的命运。他们为什么如此醉心征服，如此迷恋权力？青年时代的袁世凯，是否也曾有这样的豪情，或野心？

还是光绪初年的时候，李鸿章督直隶，任广西才子于式枚为北洋大臣总文案。这时候袁世凯还没有投奔吴长庆，到处落魄寻出路，因父叔的关系来到李鸿章处谋事。李鸿章只给他微薄薪水，要他师事于式枚学八股制艺。袁年少无行，好邪辟，多丑行，于式枚深以为苦，但于式枚也知道袁氏能成大事，于是逐日记下袁世凯的行动举止，戏曰《袁皇帝起居注》，而且每写完一条都给袁世凯看，同僚宴会的时候，必大呼袁皇帝到了。在于式枚，他做这些大概存着戏谑的态度，也没怎么当真。他万万想不到袁世凯有一天真的要当皇帝。袁世凯后来显贵了，每每问于式枚索要这“起居注”，于总是不给，袁也无可奈何。

袁世凯既然对权位的欲望如此强烈，则指望他成为忠臣烈士是有点勉为其难了，因为凡是将权力看作第一原则的人，是不会为信仰作牺牲的。袁世凯不是大清朝的忠臣，他也没有打算做大清朝的忠臣，因为这个大清朝已经为他对权力的追求设定了天花板。

早在辛亥革命前很久，袁世凯就暗地里支持革命党，他实际上是排满倒清的主动人物，而且是真正的实行家。这一袁氏幕僚于“洹上之墓草青矣”之后道出的秘闻，乍一闻颇有石破天惊之感。然而了解袁氏对权力的狂热追求和为此习得的腾挪手段后，则这样的事对袁世凯来说也无足为奇。

原来，自庚子之变后，革命党之旗帜，时揭起于滇粤之间，而清朝虽宣布举行新政，但不过是迫于中外压力，做做样子。新政中袁世凯是一心鼓动，锐意实行的中坚人物，但他做起来才发觉自己孤掌难鸣，颇受疑忌，事多掣肘。他也看出，清廷的气数和以前相比大为衰弱，尤其是他看出革命党“东窜西突，其势未可扑灭，一旦变起恐非教匪发逆之比也”，所以他有一次特意去看望荣禄，讨求对策。他对荣禄说：“您多年来都是忠诚体国的，这种情况应该早有一个根本解决的对策，这样才可使祖宗基业如磐石万年。我袁某愿意为此奔走效劳，万一不成，至少也算报答了皇太后、皇上的恩遇。”荣禄听得这一席话，面容肃然，沉吟良久，喟然长叹一声：“你说的当然对。我也知道朝廷敷衍新政，浮费无益，可是太后年纪已高，又狃于成见，而皇上威信已堕，也不能成事了。你指望我，可是我虽然显贵，也没有特殊权力来做这一番事，而且我也老了。以后继承我志业的只有你了，你好自为之吧。只是现在还不是机会啊。”袁世凯又问，“那么现在做立宪、练兵这两件事，怎样？”荣禄说：“立宪，朝廷并不相信，这只是老佛爷牢笼中外的羁縻之策罢了。兵情积弊甚深，国家每年靡费巨款，可是并无效果。新兵习闻的是民权之说，未必忠于朝廷。我恐怕他日之祸，就隐藏在练兵之中。你如果秉政，能够维持下去，就是祖宗社稷之幸了！”荣禄到底是胸有丘壑的英才，这些话，字字见血，切中肯綮，他对情势的判断后来也无不得验，可是他也有无力回天之感。这一席倾心长谈，无论对袁世凯个人，还是对清廷和近代中国的命运，其意义简直无法估量。袁世凯回来后，就对其亲信说：“满人中只有一个荣中堂是人才，而他暮气已深。其余的则不是尸位素餐，就是乳臭未干，这样的大局还能有什么作为。”

正是从这一席深谈之后，袁对满清王朝的态度，对革命党的态度，以及自己此后一生的志向抱负，完全改变，用其亲信的话来说，就是“始有予智自雄之意”。在这之前，他还想着在满清王朝这个台子上建功立业，有所作为，自此之后，则有另起炉灶的打算了。因为，满人朝廷已经是扶不起的阿斗，而凭他的习性，他决不会做“鞠躬尽瘁，死而后已”的诸葛。从此，凡是留学东西洋回来的留学生，他都竭力延揽，而对于那些归国后倡言革命自由的青年，尤其嘉纳无忤，而且私下对这些人厚赠多馈，毫不吝啬。

对于他与革命党为善的举措，他的幕僚开始还不明白个中奥妙，直到有一天私下聚谈的时候，这谜底才揭开。席间袁世凯对众人笑道：“苏长公（苏东坡）论战国养士，说那些有智勇辨力的人，要是有人收养他们，则天下太平了。如今革命党气焰方张，我就用这办法收而养之，这样或许可以借助他们来消弭将来之乱也未可知。”他这时大概想起了早年嫖妓时的见闻了，又说：“我听说江浙一带的村中老太婆，在家中蓄养非亲非故的幼女，养大了，就打扮得漂漂亮亮卖了。谚语说这样的女子为‘瘦马’，用意跟养士差不多。这些幼女与其供盗匪略卖，还不如做村妪的瘦马。”他还发感慨：“皇上驾崩后，一定会有摄政王，而且，这摄政王恐怕要跟我计较以前的事，不顾大局，我的事恐怕要遇挫折。我这话要说不中，大清朝尚可支柱残局，要是不幸言中了，则一定有那些愿意同归于尽的。檀道济说‘坏汝万里长城’，他跟我为仇，他能得到什么好处！”这话微言大义，让后人听了，真让人不寒而栗，不得不感叹袁世凯心计之深，计虑之远，真正是雄才大略，寥廓恢弘。他是不会做那与大清朝“同归于尽”的人的。如果后来的摄政王果然有谋国之才，则恐怕不会贸然罢斥袁世凯——他要么干净利落除掉袁以绝后患，要么效法当年荣禄在戊戌政变之后的故伎，反而更加倚袁为干橹。袁氏固然不是什么忠臣，但要他自己举兵造反，则还有点难为他。他的确像曹操，曹操权位过于皇帝，可以“挟天子以令诸侯”，但终其一生，他大概惧于言论，没有做出废立自代的事来，曹操之得魏武帝这一帝号，还是拜他取汉而代之的儿子魏文帝曹丕所赐。

摄政王见识短浅，优柔寡断，对袁的处置两不搭界，反而激起袁世凯的不臣之心。而摄政王的种种举动，竟早在数年前就已被袁一一料中了，两相对照，袁真有不得不反的理由，清有不得不亡的道理。国学大师章太炎看得很准，他在为刘成禺《洪宪纪事诗》所作序言中说：“袁氏仕清，权籍已过矣，不遭削黜，固不敢有异志，趣（促）之者满洲宗室也。于臣子为非分，于华夏为有大功。”

袁世凯眼看大清朝不行了，又不愿为它殉葬，只好“自谋出路”，所以，这时候革命党就不是他的敌人了。尤其在宣统初年被黜之后，他对清廷就更无眷念之情，只有利用之意。他在洹上看似杜门却扫的三年，其实正忙着制造革命党。当时留学东洋回国的留学生，为数不少都绕道谒袁，而袁则分别其才之高下以为待遇。其私邸中，谈燕游观，无不座客常满，不少是以推翻满清为己任的革命志士。袁这时候虽然不能封官许愿，但馈以钱财，暗中援手，则是举手之劳。所以，有些革命党人经费不足，竟可以从袁世凯处领到津贴。大清朝的最后几年，革命星火屡扑不灭，反成燎原之势，这其中实在有袁宫保一份功劳。正因为袁和革命党人早在辛亥以前就有这一段姻缘，在辛亥之后，有些革命党人才对袁取孙中山代之以为理所当然。1911 年袁世凯复起而为总理大臣之后，为了和革命党谈和，保全了在狱中的革命党人，其中以刺杀摄政王，写下“引刀成一快，不负少年头”这样名诗的汪精卫对袁最为有用。汪精卫还在狱中的时候，袁就已经派袁克定与其倾心结纳，出狱后，克定还和汪结成兄弟，所以汪精卫对袁世凯代孙而为大总统奔走效劳，甚为卖力，这未尝不是袁世凯当年养瘦马之功。

1911 年武昌起义之后，在举国上下一片“非袁不可”的吁请声浪中，袁世凯重秉朝政，收拾乱局。但他再无保存满清皇权的用心，满清政权成了他和革命党人做交易的筹码。他对清廷的利用，其中最关键的一点，是在清帝退位诏书中特意加上这么一句：

袁世凯前经资政院选举为总理大臣，当兹新旧代谢之际，宜有南北统一之方，即由袁世凯以全权组织临时共和政府与民军协商统一办法。

这意味着，袁世凯所组织的临时共和政府，非由孙中山等人在南京组织的临时政府延续而来，而是由清朝的皇权变相地“禅让”（授权）得来。袁世凯强调，他手中的权力得自清廷，而非孙中山。这之中的差别简直不可以道里计。大清立国之初，特布告天下，其叩门入关是得明朝邀请平乱，其天下取自明朝的“乱贼”李闯而非明朝朱姓皇帝。所以其政权的合法性奠立在帮明朝戡乱的基业之上，而非颠覆明朝皇室取而代之，以此解说来消除明室忠臣对其统治的抵抗。袁世凯反其意而用之，通过清帝退位诏书，他明告天下，其总统大权是取自清室而非民军，其政权合法性来自“禅让”而非“作乱”，以此理由来抵制革命党人对其权力的威胁。为了这宰制一切的权力，袁世凯真可谓苦心孤诣，其结果，则正好套几句《诗经》的说法：“经始灵台，经之营之，庶民攻之，不日成之。”他尽管去“经之营之”，但如果“庶民”不“攻之”，他有何机会“成之”？

经过晚清最后十年的改革与被罢斥，袁世凯终于积累了可以登临最高权力的威望和实力，现在，缺的只是东风罢了，而来自“下层”民众的“登高一呼”，这风雨居然应时而至。

2. 上与下

决定袁世凯在政治金字塔中上还是下的因素，很多并非他所能掌控，但有些“上与下”，却是他善于也能够掌控的，比如，以上驭下之道。

袁世凯交代属下调查处理事情，为了防止下属欺瞒，往往会派两拨互不隶属、又互不通情的人去调查同一件事。如果两拨人汇报的情况互相冲突，他再同样另派两拨人去查对，直到从不同渠道得到的信息足可供他有把握地决策为止。因此之故，他的属下极少能够对他欺瞒、作弊，所以他大儿子袁克定办假《顺天时报》的事，就不仅是对其父的不尊，更被袁世凯视为对其智力的侮辱。他暴跳如雷，气得拿棍棒将跪在地上的袁克定一顿乱揍。

曾国藩说，办大事的第一要义，就是找好替手，也就是得有一帮人为他打下手。在自己离开某一职务或为了办更大的事而放手一件事以后，得有自己信得过的人继续接手，不至于人亡政息。袁世凯之所以能成就一番功业，除了他自己的确有不凡的胆略、见识之外，他有一帮才能出众的手下倾心竭力帮他，这也是不容忽视的条件。袁世凯是近几百年来中国政治家中真正有帝王气象的统治者，这不止是从他的战略眼光、他的权谋机变、他的包容气度可以看出来，尤其从他识人用人之术可以看出来。

他的手下真正是三教九流无所不包，人才济济有容乃大。不管是出身低贱的鸡鸣狗盗之徒，还是魁星高照的学识宏富之人，都能为他所用。而且，袁世凯的的确确做到了唯才是举——他的亲戚朋友并不能因为自己是袁世凯的亲朋就得到重用，对于亲朋中来门下奔走求食的，他宁愿白给俸食，绝对不假以事权。在他手下，只要能办事，就能得到升迁，并不计较任何人的出身。向来反对袁世凯的胡思敬，在《大盗窃国记》中也不得不承认，袁“敢于用人，不念私仇，不限流品，不论资格而已”。袁的幕僚张一麐也说：“其虚怀下士，有不可及者。其精力过人，两目奕奕有神，其未见者俱以为异。与人言，煦煦和易，人人皆如其意而去，故各方人士奔走于其门者，如过江之鲫。然所用无私人，族戚来求食者，悉以己俸食给月廪，不假事权。属吏苟有赃私，必严劾治罪。……其不用私人，不有私财，非当世贵人所能望其项背。使遇承平之世，岂非卓卓贤长官哉！”

袁世凯自知不擅文苑之事，所以自己写的文稿，一定会交给文案幕僚再删改润色。有的幕僚初不知袁之为人，怕扫他面子，改稿时或拍几句马屁，或作些无关痛痒的修补。袁若看到交回的文稿无大修改，必眉头一蹙，满面不悦之色，若看到文稿上涂抹修改甚多，反而会对此人和颜悦色，表示赞赏。虽然袁无多文才，但自有其英锐之气，这会从文字之中流露出来。他当总统时，地方有人呈文请旌表一贞妇，此女子在丈夫“死”后殉节，结果办丧事的时候丈夫居然又活了过来，一时传为奇谈。对斯人斯事的表彰，如何措辞而不落俗套，确实难煞袁幕中一班文翰了。拟了一套套的匾额，都不尽称意。最后，居然是袁世凯自己解决了这个难题。他稍一思索，提笔写下四字——“一死回天”，满堂文幕看了，个个面露惊讶之色，此时不得不心悦诚服，交口相赞。这确实是最贴切不过的题词了。袁在修改别人的文稿时，每每增改寥寥数语，即有点睛之效，境界大出，气象毕现，这又是那帮文士难以企及的了。

袁有一句名言：“张中堂（指张之洞）是讲学问的，我是办事的。”虽然不免语涉讥讽，但意思很实在，是说张之洞出身探花，常有书生之见，讲得出很多大道理，而他袁某则质朴无文，脚踏实地，埋头苦干，是实干家，是做事的人。这话倒也不是自夸，袁督直隶，张督湖广，袁做的实事远远超过了张之洞，这原因就是袁用人绝对以办事才干为依据。对此，张之洞的幕僚辜鸿铭反唇相讥：诚然，挑大粪是不用学问，除此之外，我看不出办什么事不用学问。这也只是文人斗嘴罢了。戊戌年张之洞本来被人推荐入晋军机，因慈禧不悦而作罢，她说：难道刚去了一个书生，又要来一个书生？前一个刚去了的，指翁同龢。而袁在慈禧晚年深得其欢心，除了他的进献巴结外，其对外折冲樽俎，对内励精图治的实干才能，也是慈禧甚为需要的。

然而，如何才能笼络到这一帮有才干的手下？其中一策就是“烧冷灶”。所谓“烧冷灶”，就是在这些才俊之士尚未发迹的时候，将其大力提拔、培养，使自己成为他的“恩主”，从而让他终身死心塌地为自己卖命。要练好这一手绝活，首先就得有一双“慧眼”。

袁世凯有识人之能。他青年时和徐世昌结交，徐不过一馆学先生，但袁世凯看出徐非池中之物，在徐囊中羞涩无钱赶考的时候，袁慷慨解囊相助，结果徐果然高中，继而入翰林院。袁小站练兵的时候，徐以翰林身份到连秀才都不是的袁世凯军中任参谋营务处之职，令人侧目，这其中就有徐世昌报知遇之恩的意思。一直到袁世凯败亡，徐世昌对于袁世凯都忠心耿耿，决无二心。

袁世凯识得唐绍仪是在1884年的汉城，当时汉城政变，到处一片骚乱，袁率军赶到中国驻朝税务处，看到唐绍仪一人持枪立于大门口，英姿勃发，气定神闲，因为不认识袁而不许他入内。袁挥退手下，说明自己身份，和他攀谈，得知这人还是耶鲁大学毕业（唐绍仪为清朝派往美国留学的首批幼童之一），当下就大为赏识，一心要将唐绍仪收为己用。后来唐绍仪在官场上步步高升，就得益于袁的大力提拔，而唐则一直是袁的倚重股肱，为袁领导的“清末新政”立下汗马功劳。

当然，袁世凯识人并不看科举出身，因为他自己就不善此道。他识别人才还是以“拔起于草莽之间”为多。就以赵秉钧来说，袁世凯当山东巡抚时，他只不过是个普通捕快，但有一次办了一件特别难办的案子（有人说是追捕和袁小妾私通的男仆，恐为谣传），袁世凯非常赏识其精干之才，认为他有治国之能，特为他改名“秉钧”，意思是执掌国钧。后来赵秉钧果然做到总理，而且有望当袁世凯的衣钵传人。袁世凯另外一员大将杨以德，原来是戏园子里剪票的，后来投奔袁世凯创办的巡警部队。袁在直隶总督任内，天津出了一件轰动一时的江洋大盗连环案，很久都破不了，后来，杨以德花好几个月时间混迹市井酒楼茶肆，竟然根据蛛丝马迹寻访到这位江洋大盗，不止抓住了他，而且居然说服他反正，立功赎罪成为警察的“业务指导”。袁世凯从唐绍仪处听到这一趣闻，对杨以德刮目相看，马上破格提拔了他，以后又将他连连升职。

袁世凯的识人之能，从民国初年他和孙中山、黄兴、陈其美这些民国巨头晤谈之后对他们的评语之精当可窥见一斑。他对自己的亲信说：“孙氏志气高尚，见解亦超卓，但非实行家。徒居发起人之列而已。黄氏性质直，果于行事，然不免胆小识短，易受小人之欺。陈氏一跳动少年，资质尚明敏。”这些评断，字字都是击中要害之语，不能不让人叹服。

说黄兴“胆小”，这让人不解，但黄兴一生始终追随孙中山，从无宋教仁等人与孙中山分庭抗礼的胆略、雄心与举动，这一点颇耐人寻味。至于“易受小人之欺”这一缺点，则现成有例可循。民国元年，黄兴任南京留守府，手握重兵，甚为袁世凯忌惮。此时任北洋政府参谋次长的陈宧向袁献了一策。陈宧和黄兴至交及手下陈裕时、黄宝昌等人关系匪浅，陈宧开始唆使陈裕时暗中布置闹兵变，平息以后，陈宧就向黄兴亲信手下“献策”，说总统向来信任黄兴，现在南京闹兵变，为了巩固总统对留守的信任，黄兴可以佯辞此留守之职，以退为进，总统定会诚意慰留，这样黄兴的兵权不就更为名正言顺了吗？黄兴等认为此计甚妙，于是贸然电请北京取消留守府。袁世凯笑不可抑，当即照请取消，还装模作样大为嘉奖黄留守，夸他“真能牺牲权位谋民国统一者”。留守府参谋长李书城知道内情后，气愤至极，在报上通电大骂陈宧卖友，而被陈宧利用的黄宝昌惭愧内疚，以至于削发为僧，闭关至死。

有意思的是，袁世凯借着招待孙黄的机会行察人之实，其实孙黄又何尝不是借着这觥筹交错的机会看看袁某人到底是何角色？可是这一回合孙黄就输给了袁世凯。他们看出袁世凯是一“魔力惑人之命世英雄”（孙中山语），没看出这人心计深沉，手段毒辣，绝非他面上展示出来的谦恭模样。倒是黎元洪看袁世凯看得更准。民国成立后选举正式大总统，黎有一封预辞大总统的电文。他说：“沉机默运，智勇深沉，洪不如袁项城；明测事机，襟怀恬旷，洪不如孙中山；坚苦卓绝，一意孤行，洪不如黄善化。”很多人对他的这个电文鼓掌赞叹，认为他谦虚得恰当。其实，这一封几十字的电报，非常到位地论定了这些民国初年名动天下的英豪之才智与气质，是极为难得的识人之术。袁死后，有一天，黎元洪很有感慨地对人说：“袁项城深沉过人。”别人问：“有何深沉？”黎长叹一声：“与他周旋了两三年，未听他说过要做皇帝。”这就是袁世凯的“深沉”，无人猜得出他的真实内心，但他有本事让别人相信自己的“诚心”。

袁世凯用人不拘一格，但只要为他所用，且于他事业有大帮助，这些人大都能飞速升迁，因为袁世凯一定会为他的手下竭力谋取荣华富贵与高官显爵。袁世凯花钱巨万，从他手中流出去的钱川流不息，除了结交靠山外，不少就是花在笼络部属上。

从袁世凯手下出来的晚清民国人物数不胜数，一部北洋军阀史，也就是写写袁世凯和他部属的故事；民国军政名人传，开头的大部分也得围着袁世凯的衙门打转。这些人，除了在袁称帝时有的暗中阻挠甚至拆台外，自始至终都追随袁世凯，视其为北洋的“大家长”。袁世凯在隐居彰德时，北洋旧部有所升迁去就，必然于第一时间向袁函报或面告，以示自己仍视袁为恩主，为上级，为家长，不因其失势而有所冷落。张勋擢升江南提督了，上任时不忘专程赴洹上拜见袁世凯，既汇报，又请示。其他北洋诸将或袁府中出来的官僚，也无不如此。甚至那些北洋旧部之间互生嫌隙了，也纷纷来袁处请他裁决调解，求和睦于一家。袁如有事需要劳烦他们，他们自是无不尽心尽力，效忠更甚往昔，如为他庆寿，帮他操办子女婚礼等等，他们都是当自己的事来热心操办。至于逢年过节，这些人就更是礼数周到，殷勤备至，诚如至亲。倒是他们太过热心了，有时转让袁世凯觉得触犯朝廷忌讳。

1908 年袁在洹上过 51 岁生日，此时他以“戴罪之身”，处嫌疑之地，本打算悄不声响过去，不料他一帮北洋部属和友朋至为热心，主要出于为他的被放逐抱不平，借着这个机会纷纷来洹上贺寿，以示对袁的慰藉。一时之间，洹上虽为乡野，名公巨卿居然络绎不绝于途。此时，论官职权位，袁不过一布衣，而其部下官居总兵、提督、巡抚、总督的以十数记，这么多一二品现任大员，对以戴罪之身僻处乡野的袁世凯如此关怀、敬望，这就可见袁世凯笼络、收服部属的成功了。

3. 明与暗

若想笼络人心、聚集人才，就必须懂得“市恩”：让别人明白你的好。然而，常有“俏媚眼做给瞎子看”、“热脸贴着冷屁股”的事，所以向别人示好也并非毫无诀窍。袁世凯示好，很多时候是赤裸裸的金钱收买，但对那些重视情感、懂得变通的人，也会以违背常理的方式示好，而对有些操守的人，则不露痕迹地示好，效果奇佳。

袁世凯手下著名的“北洋三杰”王士珍、冯国璋、段祺瑞，被称为袁世凯门下的“龙、虎、狗”，对他是唯命是遵。袁又如何让这些威名赫赫的将领臣服？

其实，如果不是投到袁世凯手下，这些人此后能否如此腾达，还真在未料之数。段祺瑞因为袁称帝而和他闹翻，袁克定一度有不利于段的举动，袁世凯知道以后将袁克定训斥一顿，说段是家里人，不要什么事情没做就先家里人内讧了，段这才保住一命。不料袁死后，反而是段祺瑞对袁的威望和名声竭力维护，有人不解，段于是说起一段小站往事。

袁世凯在小站练兵的时候，重要军官提拔都要经过考试，袁已经先后经过考试将王士珍、冯国璋提拔上来，段祺瑞虽然才干过人，在考试上却没有考过其他人。高级军官名额有限，再不考上，眼看段就要“英俊沉下僚”了，段祺瑞惴惴不安，患得患失。又一次考试来了，袁于考前偷偷将段祺瑞叫到自己房中，嘱咐他好好复习，还让他看一些资料，说不妨背下来。结果第二天考试的题目，就不出这些资料范围。经此一番“考试”，段祺瑞感激涕零，从此对袁的知遇之恩永志不忘。

袁世凯最绝的一点，是让段祺瑞明明白白知道，是袁某人一手将他提拔，毫无任何掩饰。但在另外的场合，对不同的人，他却又做得十分含蓄。

林长民（其女即是民国大美人林徽因）长期在参众两院任秘书长，国会解散后，袁任命他为参政院秘书长。林父重病，袁送人参、鹿茸、皮货等贵重物品，价值总数在两三千两。后来林父在上海病逝，林长民奔完丧到袁世凯处销假，袁对林百般慰藉。他最了不起的是，居然还当场将林长民撰写的哀启（登在报纸上）从头至尾一字不落背出来，背完叹息不已。林长民既惊诧，又佩服，还伤感不已，感戴不尽，无以为报，竟涕泗横流跪地而拜！林长民有一次对友人说，袁于日理万机之外，对这样一个与军国大事毫不相涉的哀启都强记而面诵，他对于我看重到如此地步，我要不从他，他怕会要我的命啊！

袁世凯对林长民这样有风骨的人，市恩则又是完全不同的路数，但邀结人心之意则一。林长民怎会怀疑，袁世凯的“强记而面诵”，皆是刻意为之？此情此景，但凡人子，谁不铭感在心？即便怀疑其刻意为之，那也表明其人如何用心于已，岂不有知遇之恩？只是，这种种情态，在袁氏败亡之后，无不被后世骂为“巨奸”之“情伪”了。

4. 钱与刀

袁所用之人个个都是非凡之辈，他如何制住这些飞扬跳脱之士？其实诀窍也很简单，一句话就是“恩威并重”。他小站练兵时的种种手段就是如此。袁世凯和张之洞同为军机大臣，张之洞也是个热心练新兵的人，闲谈中就问起袁世凯练兵的秘诀。袁世凯说：“很简单，练兵主要就是要练成‘绝对服从命令’，我们一手拿着官和钱，一手拿着刀，服从就有官有钱，不从就吃刀。”他练兵时的确如此。有一次，他巡营的时候看到一个军官在偷偷抽鸦片，那军官当场翻倒跪地求饶，但袁世凯二话不说，抽出腰刀，亲手斩下了人头！因为，他的军令中规定官兵不许吸鸦片，犯禁者死。

袁帝制失败时，梁启超说过一段很有名的话：“袁氏自身原不知人之所以异于禽兽者何在，以为一切人类通性，惟见白刃则战栗，见黄金则膜拜，吾挟此二物以临天下，乎何求而不得者。四年以来，北京政府曷尝有所谓政治，惟有此二物之魂影，纵横披猖，盘旋熏灼于人心目中而已。四年来，我国士大夫之道德，实已一落千丈，其良心麻木者十人而七八，此无庸为讳者；而此种种罪孽谁造之，吾敢断言曰袁氏一人造之……”其实，中国道德的败坏，恐非“一人之力，一时之功”，袁不过“因势利导”，在道德败坏的氛围中“发挥出色”罢了。

晚清民国道德败坏，纲纪废弛，从长时段的历史来看，是晚清政治颓败的演变结果，平心而论，风气转移，固然难以委诸一人，风气败坏，恐也非一人造孽。在袁的父辈一代人中，还有一大批以天下为己任、勤恳为国的士大夫官员，但到李鸿章就已经不免“公私兼顾”了，李鸿章签订“中俄密约”时收受俄国上百万卢布贿赂，已有铁证。袁世凯当政，金钱开道，“承其余绪”，但收钱“卖国”的事，现在还没有史料支持。相反，有很多材料可证明，袁世凯在对外交涉中，为维护国家利益，不惜得罪同僚。如兴办启新洋灰公司（水泥厂）时，鉴于开滦煤矿为中英合办，侵害中国权益甚多，袁世凯力主可以借重德国人技术，购置德国机器，但绝对不许德国人入股。当时的两江总督周馥说情，袁也婉拒。有的学者论及中国传统政治制度，说“恶政是一面筛子”，将清官筛掉，贪官留下，此言极有见地，但此种情况，也是世易时移的结果。袁世凯就是经过这“筛子”千淘万选留下的“精华”，他不遵循这样的筛选规则，在晚清的政局中就不可能矗登高位。但袁世凯绝对不是一个爱钱的人。他几十年高官大宦的仕途经历中，并没有积攒巨额钱财（李鸿章、盛宣怀却在官宦生涯中积累下富可敌国的家财），死时竟然连丧事还要故旧和手下捐钱才能打点得风光一点。他花钱如流水，气派雄阔，手面豪华，但都是为了结交笼络部下同僚和上级，自己并不怎么醉心于奢靡挥霍。

钱和刀，就是恩威并重。但要真正做到这一条，则非得有天赋不行。恩从何来，威又何恃？还不都得靠着点天生的威仪和手腕？袁世凯五短身材，圆颅圆脸，腿短身长，实在谈不上仪表堂堂，但他双目炯炯有神，精光四射，尤其发怒的时候，虎目圆睁，的确有让人肝胆俱裂的气派。但他很少发怒，平时一脸威严，不苟言笑，纵是笑了，那笑容也是转瞬即逝，绝不会有袅袅余波。加上中年以后开始蓄起两撇大胡须（据说是学德皇做派），有事没事往两边抚溜着这两抹“虎须”，坐在椅子沙发上，从来都是背直腰挺，双腿叉开，作骑马姿势，像足了关云长夜读春秋时的那一副做派。所以无论是行止还是言谈，袁世凯的确是威严不可轻犯的姿态。

对他看中的人才，除了市恩示好，袁世凯也使出流氓手段。他就是用无赖手段逼迫熊希龄当上总理的。

民国初年，自唐绍仪去职之后，袁世凯揽权越来越厉害，赵秉钧因宋教仁案辞职后，谁都不愿当总理了，因为这总理难当。袁想请张謇出山，张謇极力推荐财政专家熊希龄，但熊也不愿趟这浑水，坚辞不就。袁这时候声称要组成天下第一的“人才内阁”，对熊是势在必得。熊希龄当时在热河都统任内，管着承德避暑山庄这一藏宝之地。那时候对文物管理不是很严格，避暑山庄的管理人员往往拿山庄里的零碎文物做晋升之资贿赂上级，熊希龄视察避暑山庄的时候，大概不免从中拿了几件文物。袁世凯算准熊在这事上面不会一尘不染，所以特派人去避暑山庄秘密调查，将熊中饱的文物造册上报。于是袁再请熊到京来“叙旧”。会见时，“恰巧”有重要外宾来见，所以袁世凯请熊希龄暂避里间办公室，熊希龄进去就看到桌上随意摊开的文件，参劾他“贪污文物”的密报赫然在目！这一下，熊惊惶失色，手足无措。不一会儿，袁进来拍着他的肩膀，温勉有加，若无其事地和他商谈组阁的事，熊如坐针毡，汗如泉涌。左思右想，不得不从，不然，一生名节就毁了。用吴稚晖讽刺汪精卫投日的话来说，“卿本佳人，奈何做贼？”这么个向有令名的大人物居然小偷小摸，说出去太丢人。这人丢不起。此后，袁世凯就是拿着这把柄挟制熊希龄解散了国民党，解散了国会。

上世纪初美国芝加哥黑手党首领艾尔·卡朋有句名言：“一句好话加上一把枪，比单用一句好话顶用得多。”袁世凯的“钱与刀”之论，和西奥多·罗斯福总统（1858 –1919 年，和袁世凯同一时代）著名的“胡萝卜加大棒”说，讲的都是一个道理。政治中总是有共通的人性，因而有共通的规律。人或怀德，或畏威，或兼而有之。既不怀德，又不畏威，这样的人，只好去当帝王或领袖了。

5. 真与假

袁世凯对于自己手下的人，除了恩宠、威压之外，贯穿始终的还是权术。《容庵弟子记》中记袁世凯在朝鲜治军时的智计：“有营役入民家食鸦片者，公执而诛之。诸役纠五百余人，咸称有瘾罢工，请资遣内渡，将见公，公戒卫卒多备刀索，至则缚而诛之，诸役旋散去。吴公闻之谓公曰：果能尽杀之乎？公曰，惟田横之徒能同死，乌可律诸役，示怯必来，示威必散，果来，拟尽缚之，按名讯问，认瘾者立诛，不认者释之，不过戮一二人，余皆不必认矣。吴公叹服曰：真应变良材也。”因为他对这些人的心理摸得熟透，知道他们的弱点，所以他能利用他们的弱点震慑之。

庚子事变之后，宫中器物陈设大多被毁，袁世凯陛见的时候，慈禧太后念念不忘的就是这事，要他赶紧筹款来置办宫中物品。袁世凯当时也是财困民穷，因为庚子赔款直隶摊到的份额是各省中第二多的。但他硬着头皮答应下来，这正是讨好那拉氏的好机会。回到直隶，库中实在无钱，他就召集藩、臬、司、道等官前来商议，说是要暂时借用一下他们的私人款项垫办，以后再陆续归还，这些人当然一个个哭穷。袁世凯一时作罢，但他不动声色地派人去天津票号里，想办法把这些人的存款数目全套了出来，一共约有一百余万两。过两天，袁世凯把原班人马再召集起来，和他们说了大致经过，然后说：“这些票号的掌柜太可恶，竟敢冒用诸公名义来招摇撞骗。为了惩戒这些混蛋，我已经把这些冒名顶替的存款暂时借用了。”说罢抚须，看着那些面面相觑的官员，止不住的得意。

袁世凯利用然后抛弃熊希龄一事，更可见袁世凯当面一套背面一套的表演天才。解散国民党之后，熊希龄内阁的利用价值已无，袁就图谋换个更好使唤的人。某天，袁约总统府秘书长张国淦谈话，希望张国淦去劝熊希龄辞职，理由是“（国务院）只说话不做事，财政更无办法，总理应该辞职。或他先辞财政总长，再辞总理一职。你与总理是旧交，可以去劝说他一下。我不是强迫他下台，是他办不了！”张国淦推脱道：“这等大事，如何轮得到我这局外人来置喙？”话未落音，国务院陈秘书长来了，袁不经意地问，“这些天总理都办了些什么事？”秘书长说，总理颇有退意。此时，袁居然作张皇不安状，连忙说，“总理如何能退？我意中无别人，总理务要安心办事。”一旁的张国淦只觉毛骨悚然。袁想推倒熊内阁，但决不想给人一个他抛弃熊内阁的看法，而希望别人以为是熊希龄自己做不下去了。

袁世凯就是靠着这等神出鬼没的权术，将周围的人摆布得服服帖帖。他实际上不知不觉玩弄手段已到了不择手段的地步。这种手法使得多了，他周围的人每天不免战战兢兢，人人自危，只好看在金钱、权势的诱惑上去跟随他，对他的厉害越来越怕，对他的感情就日渐消融了。

他的爱将冯国璋就是被袁世凯的权术耍得害怕了，不敢再跟他玩下去。

冯国璋是不赞成袁世凯称帝的。1915 年 5 月，他特意从南京到北京来探问袁是否有称帝的意思。袁世凯一眼看穿冯的来意不善，整肃面容说：“华甫（冯国璋字），你我共事多年，情同一家，我不妨向你讲明我的心思。我决没有做皇帝的打算。我袁家向来没有活过六十的人，我今年已经五十八，即便做皇帝，还能做几年？何况我现在的权力、荣耀比皇帝还大。做皇帝无非是为子孙打算，但是你看，我大儿子是个瘸子，二儿子是个名士，整天与一帮荒唐文人混在一起，三儿子是个土匪样的，不通时务。其余的子孙这样小，有谁能当此重任？你尽管放心，我不当皇帝！”可是，袁世凯当晚回内室，气咻咻连声说：“冯华甫岂有此理！冯华甫岂有此理！”心中对冯的逼问愤恨不已。他大概以为自己待冯不薄，他怎么不帮自己做皇帝，反而劝自己不做皇帝呢？冯国璋倒是吃了一颗定心丸，回去就向报界谈话，说众人对于袁帝制一事皆是误解。

可是后来帝制风声越传越紧，冯又不放心了，他力邀梁启超一起去新华宫探问兼劝说袁世凯。冯对梁说：“我辩说之辞远不如你，你的实力不如我，一定要你我同去，你反复开导，我隐示以实力为后盾，这样恐怕千钧一发的危机可以得免！”梁启超正求之不得，于是花一天一夜功夫，秘密起草了谏说的纲要，绞尽脑汁想出来总有几十条，凡是还算一个理由的都列上了。等到二人联袂到了新华宫，袁世凯听到二人到了，喜于颜色。酒过三巡，梁正要起立陈说自己的“谏说大纲”，袁世凯摆摆手笑着说：“二公此来之意，我非常了解，是想谏我不要做皇帝。”顿了一顿，“我反问二公，袁某欲做皇帝的话，究竟是想做一代皇帝而后绝种呢，还是想做万代皇帝而绵延无穷？” 梁启超和冯国璋都愣在那里，接不上话来。袁世凯又笑着说：“除非傻瓜，自然要做万代天子！”说完，面上忽有戚色，喟然长叹一声说：“我有豚犬（指子女）二十余人，我将他们尽数喊出来，列于二公面前，任公（梁启超），你最善知人，我就托任公代我选择一子，可以继立为皇帝的，可以不败我帝业，不致连累掘我祖坟的——任公，等你选出来后，我再决定称帝。这样的话，或许可以称帝两代！”梁启超与冯国璋四目相对，嗒然若丧，怀中千言万语，竟一字都说不出。这时候袁世凯诸子环立在侧侍宴，小的还要奶妈抱着。袁世凯忽然变悲痛之色，说：“我这些儿子，没有一个象我的，没有一个不是庸懦纨绔，然而哪个父亲不疼爱儿子，我虽然怒他们不争气，然而还是不愿因我造孽害得他们以后给别人做鱼烹杀啊！我百年之后，敬托您二位好好护持他们！”袁世凯都说出“托孤”的话了，梁启超和冯国璋还有什么好说的？到他们辞出的时候，连“帝制”一词都没有说出口。

可是几个月之后，袁世凯竟然宣布接受帝制了。闻得这一消息，冯国璋内心羞怒交加：自己枉为一世英雄，被袁世凯耍得团团转还蒙在鼓里！而且以袁之为人，既然对自己这样讳莫如深，一旦帝制成功，自己恐怕难以立足。所以对袁再也没有亲近敬爱之心，只有憎恶、害怕之感了。袁世凯称帝，竟先把自己赖以成事的左膀右臂冯国璋、段祺瑞都得罪了，他怎么能够成功呢？

古书记：吴王阖闾使干将铸剑，铁汁不下。干将妻莫邪问计，干将曰：“先师欧冶子铸剑，曾以女子配炉神，即得。”莫邪闻言即投入炉中，铁汁出，铸成雌雄两剑，雄为干将，雌为莫邪。

权力就是一把剑，权力越大，则剑锋越利。袁世凯手握天下权柄，他耍权弄权的技艺，已达炉火纯青的境地，当最终他无力自制，无力再挥舞这锋利宝剑的时候，他自己就不得不为这权力之剑殉葬。

▲47

47 北洋新军手枪和大刀的单兵武器搭配。

北洋军身兼新与旧两重性，新在武器装备、操练方式和战略战术，旧在兵员思想上，士兵来源多为贫苦农民子弟，老实憨厚，服从权威，易于用金钱笼络，且不会像武昌新军那样，受民权思想影响，使袁世凯在军中树立了极高的权威，军中甚至摆设其长生牌位，每日供奉。与曾国藩招募湘军多使用子弟兵相比，北洋新军更加落后，但极易统领。这是袁世凯的统兵之道，而在操练方式上则借鉴德日等国，治军严整，所以这支袁氏私家军，能打但是不会叛。可以说袁世凯是北洋系历来统兵最高明的，这支军队是他问鼎民国的后盾和资本。

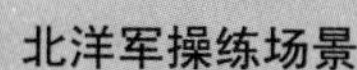

北洋军操练场景

▼48

▲49

▲50

▲51

▲52

49 时任外交次长的曹汝霖，**50** 为外交总长陆徵祥，**51** 为日本驻华公使日置益。底图为日置益递交给袁世凯的“二十一条”原本，跟原本相比，可以说，袁签订的“二十一条”已经是洁本了，但是历史往往就如这一张张脸孔，人们只看到死板的一面，却往往忽视了真性情的一面。

52“二十一条”签订现场。1915 年 5 月 25 日，“二十一条”签订，左起为北洋政府外交次长曹汝霖，外交总长陆徵祥，秘书施履本；日方人员包括参赞小幡酉吉，驻华公使日置益，书记官参赞高尾。当历史定格的时候，我们不知道在这张合影背后交杂着多少针锋相对和国恨家仇，而后人却只给这张合影赋予一个意义，那就是——丧权辱国。

▲53

53 最终签订的“二十一条”文本，54 袁世凯批准二十一条的文书。“二十一条”成为袁世凯政府最大的污点之一，在外交上遭遇重大挫折，然而，这只是权力这柄利刃在袁世凯身上切下的一道伤痕而已，权力之锋所及，不仅有毁和誉，更会有血与火。

◀54

本大總統前特派全權委員與日本全權
委員在北京議訂關於山東省之條約及
關於南滿洲及東部內蒙古之條約暨換
函全權委員於民國四年五月二十五日
彼此簽字蓋印本大總統親加核閱特予
批准並署名用璽以昭信守

袁世凱

國務卿 徐世昌

55 赵秉钧，**56** 熊希龄，**57** 张国淦，**58** 杨以德，**59** 徐世昌，**60** 唐绍仪。

袁世凯精于政治，更懂得有所为有所不为，袁世凯一生都在不断地发掘人才，巩固幕府。在朝鲜有唐绍仪等归国留学生辅佑，在天津，有赵秉钧、杨以德、徐世昌、詹天佑这类出色人才，在总统位上，他更懂得了笼络熊希龄、张国淦等各方人才，为己所用。这些人在今天看来，无论哪一个，都是实实在在的干才。

▲61 京张铁路通车典礼

◀62 詹天佑

▲63

▲64

▼65

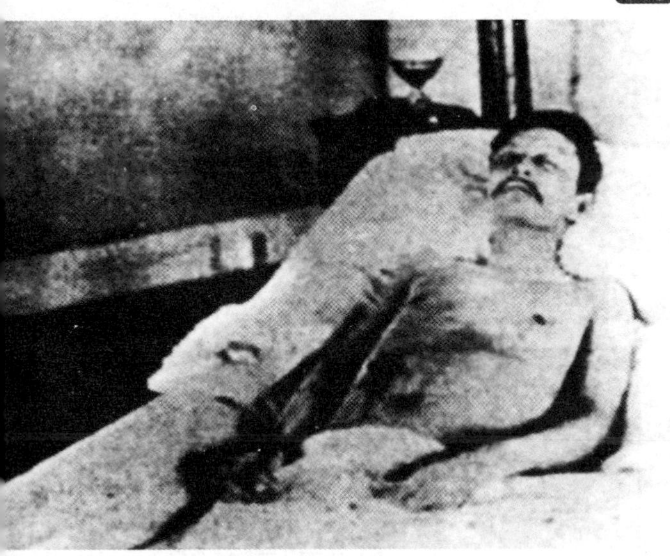

63 黄远庸，**64** 张振武，**65** 宋教仁遇刺后的照片。

关于这几起人命事件，黄兴曾以一副挽联“破了案”：前年杀吴禄贞，去年杀张振武，今年又杀宋教仁；你说是应桂馨，他说是洪述祖，我说确是袁世凯。政治的刀锋上永远血迹斑斑，受伤的可能是自己，也可能是对手，权力之锋不认亲，黄远庸案就是一个明证。

第四部

第四部

中华帝国

“盖闻天下者天下人之天下。” 1912年2月12日，大清王朝的隆裕太后颁布清室退位诏书，开头第一句就是这样宏大无边的一句话。这句宣言标志着新的时代和中国过去所有时代的彻底决裂：“天下”，不再是满清爱新觉罗氏的天下，也不再是某一姓一宗的天下了。

1912年颁布的《中华民国临时约法》宣布：中华民国由中华人民组织之。中华民国之主权，属于国民全体。中华民国领土为二十二行省、内外蒙古、西藏、青海。中华民国以参议院、临时大总统、国务院、法院，行使其统治权。

1915年12月12日，袁世凯宣布承认帝制，当时的第二次推戴书曰：“……我皇帝功崇德茂，威信素孚，中国一人，责无旁贷，昊苍眷佑，天命不可以久稽，人民不可以无主，伏冀撝衰勉抑，渊鉴早回，毋循礼让之虚仪，久旷上天之宝命，亟颁明诏，宣示天下，正位登报，以慰薄海臣民喁喁之渴望，以巩固我中华帝国万年有道丕丕之鸿基！”

短短的四年时间，中国就从大清帝国一变而为中华民国，再变而为中华帝国，何世变之亟也！袁世凯为何要改中华民国为“中华帝国”？难道仅仅因为如众口相传的那样，他只是一心想当皇帝？那么又如何解释他对冯国璋这些人说的，为子孙计，为自身计，他都没有当皇帝的道理？这些话与他帝制自为的举动相对照固然成了虚饰之词，但的确有很大说服力，不然冯国璋这等精明的人也不会信以为真。

袁世凯称帝是他一生中最大的败笔，对他这一污点不止当时的人不能原谅，多少年后，人们也只是将袁世凯的称帝看作一幕丑剧、闹剧、滑稽剧，袁世凯只不过是一个权迷心窍的、偷鸡不成蚀把米的“窃国大盗”。

没有人认为袁世凯称帝是一幕悲剧。

袁世凯的“中华帝国”，仿佛是近代中国这一幕历史剧中凭空插入的一段怪诞的蒙太奇，有时候，它是其他历史角色拉出来的布景，有时候，它自身就是叙说往事的“画外音”。不管怎样，要理解“中华帝国”的命运，甚至要理解为什么袁世凯将他的帝国称为“中华帝国”，我们就不得不将历史镜头拉长，来看看整个近代中国的历史。而且，从袁世凯运作“中华帝国”的整个过程，可以充分领略一下袁氏让人目不暇接的权术和作假术表演，深刻领会民国初年的混乱政局给当时代人带来的无尽苦难。

1. 放与收

如果要研习中国历史上最著名的权术经典，“郑伯克段于鄢”这一幕好戏绝对不可错过，这是中国早期历史文献中，记录最为详实、精彩的一场权力之争，《古文观止》第一篇就是“郑伯克段于鄢”。这场权力斗争之所以如此为谋略家津津乐道，是因其生动地揭示了权力斗争中几个至关重要的取胜原则：第一，要深藏不露；第二，不到一举击垮对手的机会来临，决不出手；第三，不要让对手防备你，而要让他轻视你。袁世凯在民国初年扫除政敌所用的各种巧妙手段，也不脱此窠臼。他开始的时候装迷糊，放权放手让对手去折腾，让国民党放松警惕，到国民党准备武装反袁的时候，以迅雷不及掩耳的雷霆手段收紧拳头，一举击垮，让国民党的势力损失殆尽，大权收于只手。让我们看看袁世凯如何将这个战略一步步展开，完成。

袁世凯的小算计，有其大背景。鸦片战争以来的近代中国经历了一个漫长的由传统帝国秩序向现代国家秩序演变的过程。在这一过程中，中国要完成一系列宏大的任务，如民族国家的建构，国家政权的建设，社会结构的变迁，思想观念的更新，以及各种现代化事业等。最根本的，自最后一个王朝清王朝崩溃以后，还要重建中国政治的合法性。几千年来，中国政治的合法性都是建立在以儒家伦理为核心的大一统王权观念基础之上，中华民国推翻清王朝之后，试图将这种合法性建立在抽象的“国家主权”和“国民”这些概念之上，从这些抽象的概念演绎出全新的政治结构，再围绕这些原则组织新的政治生活。但民国初年的实践表明，这种尝试远不是革命思想家设想的那样容易。

就以“民主”来说，这个概念内在包涵着“平等”的概念，意味着“人民”中的每一分子都是在法律面前平等的，但这些观念在那些最伟大的革命思想家的意识里也很少扎下根来。孙中山就是一个很好的例子。他在反袁的“二次革命”失败后组织中华革命党，其党章中竟然规定如此条款：（十一条）“凡于革命军未起义之前进党者，名为首义党员；凡于革命政府成立前入党者，名为协助党员；凡于革命政府成立后进党者，名曰普通党员。”（十二条）“革命时期之内（指颁布宪法以前），首义党员，悉隶于元勋公民。得享一切参政执政之优先权利；协助党员得隶为有功公民，能得选举及被选举权利；普通党员，得隶为先进公民，享有选举权利。”凡非党员，在革命期内不能有公民资格。一个以“民权”为奋斗目标的党，将人民的公民权利私相授受，在不同人群中差别“分配”，如同作价入股一般，那个时代的人们对民权的理解偏颇可想而知。这还是“革命党”的思想意识水平，至于那些一生大半辈子都浸在旧时代里的冬烘先生，对“民权”、“民国”的理解就更加摸不着边了。

曾做过袁世凯秘书的外交家顾维钧回忆，袁世凯在1912年秋曾问他，“中国怎样才能成为一个共和国，像中国这样的情况，实现共和意味着什么”、“共和的含义是什么”等一系列问题。当顾维钧解释“共和”的意思是公众的或民有的国家，这时袁满怀疑虑地问，中国的老百姓怎能明白这些道理，比如中国的妇女清扫屋子，她只会将垃圾脏物扫成堆，然后通通堆到大街上，她们只会考虑自己屋子的清洁，哪会顾及什么“公众”。通过这次谈话，顾氏作出的判断是：“袁世凯不懂得共和国是个什么样子，也不知道共和国为什么一定比其它形式的政体优越”，“他不只是不了解共和国需要什么或民主如何起作用，看来他根本没有实现共和或民主的愿望”。袁世凯对中国老百姓“是否能有足够的一心为公精神来建成真正的民国很感怀疑”，他对于民主的内容则是“一无所知的”。

顾维钧是哥伦比亚大学的科班博士，懂得这些概念是应有之义（能否行之于实践还是另一回事），可是，当时的中国，有几个人如顾博士一样知道这些问题的答案？那时的确有为数近十万的留学生，可惜绝大部分都是日本的“速成”货色。当时每逢留学日本的立宪党人聚会演说，张继等革命党人则横竖只知赶往会场大打出手，对立宪党人伺候以拳脚与棍棒，搅得他们根本无法开会。所谓的革命立宪之“论战”，变成“抡起拳头”“大战”。还是这个张继，在民国初年居然成了参议院的议长，那议会会场秩序如何，就不劳多问了。

将一个新生的政权，建立在这样的整体国民意识之上，这个制度当然无法运转顺利。梁启超一副恨铁不成钢的样子，在《国会之自杀》一文中刻薄地描绘了当时的议会：“两旬不能举一议长，百日不能定一院法。法定人数之缺，日所有闻；休会逃席之举，成为故实；幸而开会，则村妪骂邻，顽童閙学，框攘拉杂，消此半日之光阴，则相帅鸟兽散而已。国家大计，百不及一，而惟岁费六千是闻。……凡百秽德，众所具瞻，不待吾之指数，抑亦非吾之所更忍言也。”那时候的国会，被舆论讥嘲为只会捣乱的“八百罗汉”——当年中国国会参众两院共有议员七百多人，恐怕也是创了民主政治的纪录。

袁世凯接收的，就是这样的一个政治体制，而且，这个体制中的某些特别之处，似乎是专为限制他而设计的。革命党迫于形势，不得不将临时总统拱手让给袁世凯，但对他很不放心，绞尽脑汁匆匆——甚至可以说是“紧急”——设计出“中华民国临时约法”。本来孙中山极力要推行总统制，而且将总统的权力规定得很大，但半路杀出来个袁宫保，革命党又翻然变计，转而主张半内阁制。英法的责任内阁制，不过是以内阁总理取得国会多数的信任为条件，总理以外的国务员全由总理择人组织，而临时约法规定的责任内阁制，则要求责任内阁从总理及一切国务员（总长），都要先行正式提交参议院征得它的同意。更加不可思议的是，不止总统发布的命令要总理副署，内阁的国务员发布命令，需要其副手次长副署，总理发布命令，如果这命令涉及国务员的管辖范围，也需要国务员的副署，这命令才能生效。这些政治制度，瞎子都看得出是专门为袁世凯定做的“紧箍咒”，是最为明显的“对人立法”。

袁世凯夺得临时总统之位以后，格于形势，不得不遵循这样的安排。在唐绍仪当总理时，他也不是一开始就打算踢开唐绍仪。唐绍仪加入同盟会后，就认真将自己看作同盟会的总理，而不是袁世凯的私人总理，所以在处理政务时和袁世凯经常冲突，甚至在袁的总统府和他大吵，以至于总统府侍卫一看到唐绍仪来了，就不满地唠叨：“总理又来欺负我们总统了。”袁也渐渐不耐烦，有一次话里话外地对唐酸溜溜地说：“我们是没几天好做的，这个位子早晚要让给你们的。”意思是，你们不要抢了，早晚总会交给你们管的，话中当然带着意气，对唐绍仪这样的多年共事老友已经用“你我之分”了。从这些小节的冲突中，可以看出袁世凯是在处处隐忍，这和他做了几十年大清权臣的做派可不符。对于国会通不过他提的议案，他也是小心地不去取闹，而是让国会去混战，弄得一团糟之后，再慢慢来收拾。国会对他的权力处处制约，他也尽量在临时约法的框架里来抗衡。这种隐忍，难道是他软弱的表现？难道他这种忍让一点都不需要回报？让大清朝畏若猛虎的“袁宫保”，有如此好对付？错了，大错特错。

可惜唐绍仪看不明白，还一心帮着革命党“抢”直隶督军的位子，要安排革命党人相中的王芝祥来任直隶督军。直隶是袁世凯起家的老本，况且俯控京城，“卧榻之旁岂容他人鼾睡”，袁世凯怎会拱手相让？这是袁世凯权力的底线，他怎会从这里撤退？

于是，因为直隶督军的人选，唐袁分裂了。而袁对王芝祥的处理也颇有袁氏办事特色：他不经唐的同意，径自委任王芝祥为南京宣抚使，前往南京解散黄兴的部队，王行前袁给了他一笔远远超过实际需要的宣抚公费，示意王可以包办一切，省下的公费一律不需上缴。这样，王芝祥既得到钱，又得到地位，更难得的，是得到总统的亲切眷顾，当然是兴味盎然地领钱上任，而他这一任顶替的，是革命党人黄兴的缺。这一次“抢”直隶督军，唐绍仪和那些鼓动王芝祥的革命党人则什么都没有捞到，反而被当时的舆论看笑话：你们就是推举这样唯利是图的人来当直隶督军。

袁世凯的银弹攻势的确是所向披靡，战无不胜——他的银弹只打不中宋教仁、蔡锷和黄兴这样有操守又有信仰的人。1913年国会开始选举之前，宋教仁南下回湖南省亲，行前袁世凯开给他一张五十万元的支票，任他支用，可宋教仁只略支少许表示谢意后，其余都退回给袁世凯。宋教仁省亲完了，绕道江浙、上海回北京，一路上到处演讲，对袁世凯当政一年来的施政举措严词抨击，不留情面。在宋教仁，这也许为的是做选举动员，此乃民主政治中所常见的景象：台上怒言相向，台下言笑晏晏；他并非故意要撩拨袁世凯的“虎须”。但这些演讲词当然很快传到袁世凯案头（袁在全国各地甚至日本都分布有密探），深处传统政治氛围中的袁世凯，一辈子信奉的做人原则是不要“撕破脸”，看了宋氏这些激烈言论，自是非常沮丧、失望，因为，宋教仁在京期间，袁对他实在非常恭敬客气，他以为宋教仁已经被他的交情笼络住了，不意宋仍是视他为“不共戴天”之仇人，不肯在他的“圈子”里。而这时候国会大选结果出来，宋教仁为首的国民党大获全胜，宋俨然以候任总理自居，准备要接管袁世凯手中的权力，将其变为“虚位总统”了。袁世凯大为恐慌。正在这节骨眼上，出来了民国史上最著名的一次暗杀：1913年宋教仁在上海火车站被人用三颗有毒的子弹击中，随后在医院毒发身亡。

暗杀宋教仁，到底谁是最高指使人？这个问题似乎早已成了“铁证如山”的定案。黄兴为宋写的挽联是这样说：前年是吴禄贞，去年是张振武，今年是宋教仁；你说是洪述祖，他说是赵秉钧，我说确是袁世凯。吴禄贞是新军第六镇统制，同盟会员，辛亥年正要举事时被暗杀，连头都被人割掉不知下落。有人说看到凶手向袁世凯手下交差领赏。张振武则是“辛亥三武”（另外两武是孙武和蒋翊武，均是武昌起义的元勋）之一，1912年在北京被袁世凯以军令处决，说是遵黎元洪之请。黄兴这些话当然有其根据，因为宋案的凶手武士英和直接主使人应桂馨很快就被抓住了，而且在应桂馨家中搜出了他和总理赵秉钧、国务秘书洪述祖之间互相联系的密码电报，其间有“毁宋酬勋”这样的话。

对“袁世凯派人刺杀宋教仁”一说，持异议的历来只有极少几个人。一是袁世凯的二子袁克文（寒云），他说是和宋有过节的革命党人陈其美干的。确实，陈其美和应桂馨同是帮会中人，称兄道弟，关系非同寻常。宋教仁组织国民党，尊孙中山为“总理”，实际上是将孙中山架空了，所以政局中人皆知孙中山、陈其美对宋有不满，袁克文更说陈其美于餐桌上有对宋教仁拔枪相向之举。一是袁世凯的幕僚张一麐，张说："宋案之始，洪述祖自告奋勇谓能毁之。袁以为毁其名而已，洪即唆使武刺宋以索巨金，遂酿巨祸。袁亦无以自白。小人之不可与谋也，如是。"这样一说，袁世凯本来无意取宋之命，而是手下小人邀功心切，做过火了。其中张氏说法也有根据，就是公布出来的密电中，有袁世凯派人去日本搜罗宋教仁在日期间"吃官司"的"劣迹"等安排，那么袁世凯如果一开始就想暗杀宋教仁，则没有必要多此"毁其名节"一举，因为如此一来反启人疑窦，此种漏洞，以袁氏之久经世故，不会不察。但因为这两位为袁世凯辩护的人，都是他最亲近的人，这种种说法难以取信于人。还有一人，即日本近代思想史和政治史上的著名人物北一辉也持异说。他是极少数正式加入同盟会的日本人之一，亲历了同盟会中的不少内争，辛亥前后卷入中国革命很深，尤其是和宋教仁、谭人凤一派关系密切，是这些人的至交密友。他在其回忆性质的著作《支那革命外史》中一口咬定是孙中山主使暗杀了宋教仁，他还出于友情与义愤亲自义务组织侦察宋案和追凶。但史家一般也不采信其说。

宋教仁自己有没有怀疑袁世凯呢？似乎没有。宋教仁辗转来上海的路上，有人警告他袁要对他不利，宋轻松一笑说："从来只有革命党暗杀别人，哪有革命党被人暗杀的道理。" 宋中弹后躺在医院，弥留之际还不忘给袁世凯发了一通电报遗言："北京袁大总统鉴：仁本夜乘沪宁车赴京，敬谒钧座……窃思仁自受教以来，即束身自爱，虽寡过之未获，从未结怨于私人。清政不良，起任改革，亦重人道，守公理，不敢有一毫权力之见存。今国基未固，民福不增，遽尔撒手，死有余恨。伏冀大总统开诚心，布公道，竭力保障民权；俾国家得确定不拔之宪法，则虽死之日，犹生之年。临死哀年，尚祈鉴纳。"言词之间，对袁尚有殷殷期待之意。如果刺宋果然是袁世凯指使，那宋教仁真是"被人卖了还帮人数铜板"。

到底袁世凯有没有授意刺杀宋教仁，这个问题恐怕永远都无法水落石出了。但新近有史家认为，孙、陈一派嫌疑更大。其实还有一种可能，就是应桂馨"一货卖两家"，两头拿钱，反正，"袁大总统"和"孙前大总统"都不喜此人。

刺杀宋教仁一案，对民国政局影响极大。宋案之后，当时革命党内有两种"善后"意见。一种以黄兴为首，主张循法律渠道解决，这也是当时舆论界的主流意见。当时上海地方检察厅已经向总理赵秉钧和洪述祖发出传票，要求他们出庭接受调查，这在中国司法史上是开天辟地的一件奇闻，如果能够不屈不挠地坚持下去，也许中国的法治之路会开辟出一条蹊径也说不定。但这样的蹊径没有出现，因为以孙中山为首的激进派力主武力解决的意见占了上风，从而有讨袁的"二次革命"发生。结果，革命党既得不到一般士绅的支持（张謇等人就反对动武，只要浏览一下当时众多的主流报刊，可以看到满眼的反对动武解决的舆论，甚至后来举起护国反袁大旗的蔡锷，此时也通电称孙为叛逆），自身力量又薄弱，很快就被袁世凯"武力解决"掉了。袁世凯为对付国民党的武力反袁，早就做好准备了，军事、财政、外交等问题，无不是为着一举消灭国民党的武装而展开。国民党以为自己还可以像武昌起义一样，枪炮一响，义旗一举，天下景从。可惜，袁世凯不是满清王朝，国民党的一举一动早在他的算计之中。袁世凯终于收紧了他的拳头。

宋案以武力解决的后果，一是革命党人有限的力量在这一役几乎摧毁殆尽，不能在国内立足，中国政坛上失去了唯一令袁世凯有所顾忌的强硬力量。经此挫败，尤其是感于这次武装倒袁不止未得到国内主流舆论的支持，反被社会中坚力量如士绅一派斥为贼寇作乱，国民党中一些温和派，甚至痛言十年之内不谈政治；二是袁世凯找到借口加速了他的集权，摧毁了民主政治的最后象征——民选国会。原来，在二次革命当中，革命党人江西督军李烈钧很快战败，走得仓惶，连密码本都没有带走，结果让袁世凯搜到李烈钧和国会里国民党议员秘密协商武力反袁的密电，袁世凯就以此为借口解散了第一届国会的多数党国民党，瘫痪了国会。从此，袁世凯就一马平川地走上了另组“民意”机关，强奸民意以为帝制铺路的“登基之路”。

其实，袁世凯心头始终有一个解不开的结，就是他认定袁家的人没有活过60岁的，他已近60之年了，大限将至，他空有一番抱负却不能施展。这种心境和情势下，稍作安抚，他可能就此“认命”（袁世凯非常信命），做完这终身总统到死就算。他一生没有什么死命效忠的信仰，唯一追求的就是个人的权力和功业，这些是他到死才会放手的东西。衡之后来的当政者，也非独袁世凯一人如此，如蒋介石，做的同样是“终身总统”。

袁对民国没什么效忠的信念，但只要这民国还能保证他的权位，他也许就可以“保存”民国。可是这民国里面，却总有人想夺他的权，即使他来日无多也绝不相让，这终于激起了袁世凯争雄斗胜的霸气。

他的愤懑，在他武力解决宋案时说的一段话中显露无遗：“可告革命党人，我现已决心。孙、黄等无非意在捣乱，他们的本事就是左一个捣乱，右一个捣乱！……彼等谓我争总统，其实若有相当之人，我亦愿让。但自信政治经验，军事阅历，外交信用，颇不让人，则国民付托之重任我亦未敢妄自推诿，彼等若有能力另组政府，我即有能力毁除之！”袁世凯和革命党人短兵相接的时候来了，种种情势终于逼得袁世凯使出了“杀手锏”，做成了“独夫”总统。其实，袁世凯这般铁腕人物，怎会甘于做一个动弹不得的“神主牌总统”，所以，只要他还掌权，革命党套在他头上的紧箍咒他迟早要脱掉的，现在，他有了一个千载难逢的机会一举扫平了革命党，等于将那紧箍咒后面观音菩萨赋予的法力破除了，再也没有什么力量能够让他头痛。

也许，革命党人若懂得养精蓄锐，韬光养晦，不和袁世凯正面争权，袁世凯的复辟大概不会这般顺利。或者宋案发生时，革命党人按兵不动，而利用主流舆论施加压力，那么，尽管最后宋案可能还是不了了之，袁世凯要称心如意摆布政权，就没那么容易。他们正面与袁争权的举动，说起来，和戊戌年间康有为等维新派急于向“后党”夺权的心态类似，其取败之由也一样，都是犯了“政治幼稚病”——在没有政治实力的情况下，不是去致力于培植实力，而是直接向权力伸手。就如他们相信，对袁世凯的政治权力，可以以一纸宪法（《临时约法》）或一座都城（如定都南京），就可以画地为牢地圈禁之，而看不到那权力之基座，是实力造成的，此种实力，就是袁氏自揭的“政治经验”（执政能力和班底）、“军事阅历”（军事力量）和“外交信用”（列强的外交与财政支持）。

袁世凯斗垮国民党，其策略是在一放一收之中。他和革命党的这一番角斗，其原因，也是在一放一收之间：谁该放权，谁该收权？更往大里说，是当时中国政治体制的问题：是总统收权，还是内阁收权？是中央收权，还是地方收权？谁都想收权，不想放手。最终是袁世凯大权在握。他一辈子都在夺取和维护权力的斗争中，不仅乐于而且精于此道，革命党现在还不是他的对手。

2. 内与外

袁世凯接手的中华民国，不止面对国内的权力争夺问题，也面对着严酷的国家危机，这就是他从青年时代起，就习以为常的列强对中国的“瓜分豆剖”。

清室退位不久，外蒙和西藏很快就宣布“独立”，其“理由”则是：它们只效忠清朝王室，对中华民国没有效忠的义务。其实这是表面现象，关键是沙俄和英国在后面捣乱。当时外蒙驻着沙俄的军队，英国对西藏也是觊觎已久，英、俄看到清朝垮台，机会难得，马上鼓动外蒙、西藏独立。所以新生的中华民国，还没有得到“国际社会”的承认，先就得面对国土分崩离析的大祸，这就是“国际社会”给亚洲第一个共和国送上来的“见面礼”——当时的“国际社会”不就是英、俄、法、德、日这些虎狼成性的列强？对中华民国来说，这是一个意料不到的苦果，没想到推翻了爱新觉罗氏的王位和满洲贵族的统治，这个王朝开疆拓土的版图却不那么容易接手。

那么，这些以侵略、掠夺为职业的列强，是如何看待新生的中华民国呢？一言以蔽之，它们照样把中国看作猎物。它们最害怕的就是这奄奄一息的猎物忽然恢复了活力，摆脱他们的牢笼。但他们也没有胃口一口吞下中国，而且生吞活剥的话，恐怕列强先就因为分赃不匀打起来了。他们最希望的是，这个猎物永远这么奄奄一息，但又不死，就像奶牛一样可以每天供他们取用。

他们这政策是一贯的，不管中国掌权的是清王朝、革命党，还是袁世凯。

在俄国解密的档案中，有一份俄国驻伦敦大使致俄国外交大臣的报告，所署日期是1912年3月14日，其中有一段这样的话："后来，袁世凯上台，有把中国变为名副其实的大国之虞。这种前景对别处产生什么影响，我不甚了了。但在伦敦影响极大。公开对抗不可能，社会舆论及商界亦不允许。所以人们产生一种想法，认为目前只能采取一种施加影响的方式，即控制中国国库。这是一种政治构想，不是银行的主张，而是政治上的主张。于是，各银行立即从领导地位变为充当工具。这是唯一有效的办法，但它要求列强的团结一致……"

这里所说的银行团，就是后来臭名昭著的英、法、德、美"四国银行团"（后来加上日、俄成"六国银行团"）。从这里可以看出，帝国主义列强之间（不包括美国）有一个共同的阴谋，就是用控制中国财政的办法来继续控制中国，抑制中国在袁世凯的统治之下强大起来的趋势。而当时的袁世凯也不得不吞下这一苦果——向列强借钱，让他们控制监督财政。

袁世凯的政府一上来就借钱，也有其不得已之处。原来，晚清最后的七十年，清政府一直和列强打仗，而且每打必输，每输必割地赔款，中国已经成了列强名副其实的"超级提款机"，不止根本没有财力从事大规模的现代化事业，甚至连基本的财政都无法维持。袁世凯当上临时大总统以后，财政更加紧张。这时候各省将以前上缴中央财政的税收几乎完全截留自用，临时中央政府再也罗掘不出什么财源了，而要用钱的地方反而更多：不止要维持中央政府，还要遣散民国初年迅速膨胀的地方军队，收买满清王公对民国的效忠，保证旗人和王室的生计（这些是清室退位的条件）。袁世凯无力也不愿用武力来重新统一外蒙，所以他不得不用金钱收买一些蒙古王公，保持他们对中华民国的效忠。当然，袁世凯还需要用钱收买众多政治上的反对派，笼络自己众多手下。

财政上的困难逼迫袁世凯签下了屈辱的借款条约。开始他还顶着压力和列强周旋了几个月，不肯答应列强监督财政用途的无理要求（美国就是因为这一要求违背其立国精神，退出了银行团），但宋教仁一案意外爆发，革命党积极准备用武力解决，袁世凯急于镇压革命党，为保住自己的总统位子，也就顾不得“国家尊严”了。这就是袁世凯的恶政之一——“善后大借款”的由来。

袁世凯用他特有的手段保住了中国名义上的统一。他和英国、俄国谈判，以承认外蒙和西藏的自治为条件，使俄国和英国承认中国对外蒙和西藏的“宗主权”。所以，列强并不是从一开始就“看中了”袁世凯，和袁世凯“穿一条裤子”镇压革命党。相反，他们费尽心机，使出卑鄙的手段压榨袁世凯的临时政府，攫取肮脏的利益，其中英国称得上是“帝国主义”中“摇扇子”的角色。

袁世凯虽然和英国驻华公使朱尔典是“多年老友”，但这些英国盛产的“尖头鳗”（gentleman）信奉“没有永远的朋友，只有永远的利益”。朱尔典在袁世凯死后第七天对人这样评价袁世凯：“作为朋友，我将永远怀念他。在一场不平等的竞争中他虽告失败，然而，以愚之见，与其说荣任总统时的袁世凯伟大，勿宁说蒙难中的袁世凯更伟大。”可是这个“伟大”的袁世凯，在刚当上总统的时候就蒙了一回“难”，也不见朱有何同情，反而是他代表英国使出了“鹭鸶腿上剔肉，蚊子肚里刮油”的手段，来大敲特敲其竹杠。在英国、日本的指使下，列强到袁世凯当上正式大总统（1913年10月10日）前三天，才承认袁世凯的政府，而这离武昌起义已经两年了。在这两年里，从列强与中国的交涉之中，何曾见过“国际社会”对这个亚洲第一个共和国的欢迎之情？

袁世凯登上正式大总统位子不久，又迎来一场外交上的恶仗，这是日本向中国提出的“二十一条”。此时欧洲的第一次世界大战（1914年）隆重登场，日本因为和英国签有“英日同盟条约”，自动成了德国的“交战国”。其实英国根本就不愿日本和德国“交战”，老奸巨猾的英帝国当然知道日本所谓“交战”，只是“交而不战”，是让德国战战兢兢交出在亚洲的利益，“交战”只是趁火打劫的借口罢了，它打劫的对象表面上是德国，实际上是软弱可欺的中国。

当时德国一看形势不妙，主动提出将在中国的特权交还中国——反正眼看着保不住了，何不作个顺水人情？日本却威胁中国政府，不许其接收德国交还的权利。利用和德国“交战国”的身份，1914年8月15日，日本政府向德国发出最后照会，要求德国将在中国山东胶州的租借地无条件转让给日本。9月2日至11月7日，日军先后占领山东的龙口、潍县、青岛及胶济铁路沿线。这期间中国政府发出抗议，要求日本撤出中国，但无济于事。1915年1月18日，针对中国政府要求日军撤出山东的照会，日本驻华大使日置益违背外交常规（按外交常规，外交条约应该首先提交给一国外交部长，不能直接提交给国家元首），秘密向袁世凯提交解决德国在华利益和日本在满蒙利益的条约，共有5号，分为21条，即“二十一条”。其主要内容有：（1）承认日本继承德国在山东享有的一切权利并加以扩大；

（2）将旅顺、大连的租借期限及“南满”、安奉两铁路的期限延长为99年，承认日本在“南满”及东蒙的特权；（3）将汉冶萍公司改为中日合办，附近矿山不准公司以外的人开采；（4）中国沿海港湾岛屿不得租借或割让给他国；（5）中国政府聘用日本人充任政治、财政、军事顾问，中国警察及兵工厂由中日合办，日本在武昌、九江、南昌和潮州之间有修筑铁路权等。条约中提出的条件甚至比好些胜利国向完全被击败的战败国提出的条件更苛刻，它最终置满洲南部、内蒙东部、山东省于日本的管辖之下，使中国处于日本的保护之下。袁世凯收到这一条约文本，大吃一惊。

《顾维钧回忆录》中忆及袁世凯当年召集诸人，会商如何应对日本的侵略。问了几位身为国际法学家的参事的意见之后，袁世凯问陆军总长段祺瑞，如果和日本打起仗来，为了保卫国土，军队能采取哪些行动。段回答，如果总统下令，部队可以抵抗，设法阻止日军深入内地。不过由于武器、弹药不足，作战将十分困难。袁直截了当问他可以抵抗多久，段立即回答说四十八小时。这时，袁盯着他问，四十八小时以后怎么办。他望了望袁，说，听候总统指示。袁世凯又问外交总长孙宝琦，孙支支吾吾不知所云。袁世凯环顾左右，等着别的总长发表意见，这些总长却都成了闷葫芦。有人说，袁世凯自此知道北洋军队暮气已深，乃有另起炉灶编练模范军的念头。

于是只有忍辱求和一途。这时候他原来养着的一些看似无用的人物就派上用场了。他原来花月薪一万大洋的巨薪，雇了日本著名宪法学家有贺长雄做自己的法律顾问，这时候他遣有贺秘密回日本探听这一条约文本是否得到日本天皇和政坛元老的一致同意。有贺探听的结果是，这一文本只是当时的首相大限重信为了邀功而秘密提出的单方面要求，事先并没有得到天皇和元老的同意。得到这一消息，袁世凯心神稍定，开始琢磨怎么和日本人周旋。

第一步，他就把日本人竭力保密的这一条约捅出去，让新闻舆论界和列强外交界都知道日本人的这一侵略要求。当各国大使向日本使馆询问这一条约真假时，日本人措手不及，窘迫不堪，先是竭力否认有此条约，继而说日本提出的条约不是这样。日本人也知道自己提出的真实条件太不要脸，所以不好意思公开承认了。袁世凯公布条约的目的初步达到了。

袁世凯处心积虑，多年前就派人收买日本浪人中有相当才智而又怀才抑郁的人，这时候就派这些浪人回日本刺探日本内阁和元老之间的最新意见，同时派人监测在华日人流动回国情况，以判断日本是否有战争动员计划，结论是日本还没有动员。然后，他要秘书曾叔度装作和有贺闲谈，问他根据日本宪法，如果中日外交谈判破裂，大隈内阁是否有权要求天皇派兵。有贺说，因为是大隈擅自提出的无理要求，天皇可能会驳回大隈用兵的要求。袁世凯又松了一口气。这时候，日本间谍来报，日本御前会议决定了最新的对华提案要求，最重要的有几点：（1）日本在满洲内地杂居；（2）日本人得在满洲租地种地；（3）满洲警察局须聘用日本人为顾问。这三条中国若不答应，谈判即破裂，日本将以武力解决。

袁世凯对秘书曾叔度说："真货假货，我一眼就看得出来，这个报告是真的。"曾还不甘心，说或者日本人还有让步。袁世凯说："我同日本人办交涉数十年，他们的性情，我了解得很，他们性急，喜欢痛快。"后来日本驻华使馆正式提交的对华条约，果然就是间谍刺探的条约。因为袁世凯预先知道日本人的底线，所以在谈判中很有把握哪些可让哪些不可让。

最后，日本人于5月7日提出最后通牒，限四十八小时之内答复，袁世凯被迫答应。所以，“5月9日”后来被定为中华民国的“国耻日”。5月25日，袁世凯除对第5号声明“容日后协商”及第4号用命令宣布外，与日本在北京签订了《关于南满洲及东部内蒙古之条约》、《关于山东之条约》。5月25日，袁政府与日本正式签订了这个条约后，袁通电各省文武长官说：“日本既有让步，无损中国主权，故决定由外交部即日答复。此案已结，中外敦睦，希饬属晓谕通知。”同时袁却亲写了两道密谕，告诫各省文武长官，不要忘记5月9日这个奇耻大辱的日子。袁又授意丁佛言撰写《中日交涉失败史》一书，印了5万册，秘密寄存山东模范监狱中，他咬着牙说：“这一次我们吃了一个大亏，将来有一天我们翻了身，这部书就可以公开发行了。”可见5月9日之称为“国耻日”，实在是袁世凯也同意的。

袁世凯决定承认条约之后，于5月8日召集群僚大会，报告经过，有一番很痛心的表白，被曹汝霖记叙下来。袁世凯与各级长官的密谕和报告，都是他为自己辩护留下的文献。这其中还有一个重要细节。袁世凯对于条约“第五号”条款的方针是取消不议，但最后条约定稿之前，曹汝霖等亲日派拗不过日本人的凶狠，擅自同意加上“容日后协商”五字，这意味着此后日本还有权以此为借口继续要求谈判、索取特权（其中曲折可见《顾维钧回忆录》）。袁世凯得知后，大为光火，将曹汝霖大骂一顿，但日本人争到口的东西不会吐出来，也就只好作罢。曹汝霖当然不肯承认是自己软弱或者亲日才加上这丧权辱国的五字条款，相反，他也为自己辩护，特写了几万字的回忆文章叙述此中经过。不过后来的历史学家指出，曹汝霖有做假文件的嫌疑（见李毓澍《中日二十一条交涉（上）》，（台湾）中央研究院近代史研究所专刊第 18 集）。抗日战争时期，他就任伪华北临时政府最高顾问、华北政务委员会咨询委员。

日政府与袁谈“二十一条”时，国民党内有两种不同的意见。一部分主张暂时停止反袁，俾袁可以专心对日，黄兴、李烈钧、柏文蔚、陈炯明、钮永建等联衔发表通电，表示在袁和日本交涉期间不予干扰。而欧事研究会的林虎、熊克武、李根源等亦发表通电，附和黄等主张，电云：“吾人第一主见乃先国家而后政治，先政治而后党派，国苟不存，政于何有？政苟有成，何分于党。故吾人之对政府有恶于其人，而有不足于其政，虽欲大革其政而不敢有违于国也。”对于这种缓进的主张，孙中山是极力反对的。林森曾致电孙中山，请示对日意见，可否暂停国内革命运动，实行一致御侮，免为国人借口。孙中山复电说：“袁世凯蓄意媚日卖国，非除去之决不能保卫国权，吾党继续实行革命，即如清季之以革命止瓜分。”

据袁世凯的秘书曾叔度回忆，袁世凯于条约签订之后，还在筹划怎样打消条约的效力。曾叔度提出了一个用国内法律限制条约的策略，袁世凯说：“你的条陈，意在破坏，但你是法家，只知法律，单靠法律，破坏不了条约。我已经筹划好了：购地、租地，我叫他一寸都买不到手。杂居，我叫他一走出附属地，即遇危险。至于警察顾问用日本人，用虽用他，月间给几个钱便了，顾不顾，问不问，权却在我。我看用行政手段可以破坏条约，用法律破坏不了。其余各条，我也有破坏之法。”“满洲外的要求，我尽量全部驳回。满洲内的要求，多少答应几点，而这几点答应了，我有办法要他等于不答应。不但如此，我还要杀他个回马枪！”（以上见曾叔度《我所经历的“二十一条”内幕》）

参与前期谈判的顾维钧，在晚年的回忆录中如此评论袁世凯："袁总统在对外关系上是煞费苦心的，对政府所做的一切亲自承担了责任"；他"是个老练的政治家。他不仅深知中国的贫弱，也洞悉日本帝国的扩张政策"。顾氏得出的结论是，袁世凯"是一个爱国者，即他在处理对外关系中，特别是对日关系中，唯恐丧失中国的主权"。当时袁世凯的另一秘书也参与密约，开始极力反对签订条约，待条约签订，看到袁世凯在想办法破坏条约，大不以为然，说本不应签，当时就应该推诚布公说明不该签的理由，即使兵戎相见也可在所不惜，虽败犹荣。既然签了，就应该忠实履行。壮士断腕，听客所为，励精图治，再待机而动，收复故土。袁世凯斥为书生之见，说："推诚布公果然能成事，世界早太平了。"

然而，袁世凯仍然因为这一条约的签署而臭名昭著。这是一场简单的历史误会么？却也未必。袁世凯签下这一条约的时候，他的复辟帝制"大业"正在如火如荼地进行，所以很自然地让人联想到他是出卖中国利益来换取日本对他称帝的承认，这一点尤不可原谅。

的确，日本人是看准了时机，意图以支持袁世凯称帝来换取袁世凯对"二十一条"的完全承认。但袁世凯却非日本人想象的交易对象。据主持袁世凯帝制复辟的核心人士夏寿田回忆："在民国三年下半年，我辈已由言论而进入实际阶段（指帝制运动），不意四年一月十八日，日本公使日置益谒项城，提出要求'二十一条'。日置益辞出后，项城极愤怒，当即疾声令余，所有关于帝制之事一概停止。'我要做皇帝，也不做日本人的皇帝！'"夏说，这一段内情外间绝不知道。

在日本人发觉袁世凯并不好操纵，一点也不恭顺后，他们决定搞垮袁世凯。当袁世凯接受帝制的关键时刻，日本忽然一反以前支持袁氏称帝的态度，向袁世凯发出警告。这政策变化之中，隐藏着日本人设计的一个极大阴谋。且看日本人的《黑龙备忘录》中如何设计的：“故为再建中国政府起见，为保持远东永久和平，及为实现日本帝国政策之成就起见，我日当利用目前时机，变中国共和政府而为君主立宪，使与日本之君宪一致而与他国各不相同为起点……变更中国政体，是再建中国时所当采用唯一之主义。且现时亦为我日鼓励革命党及其他不满于中政府之人物，在中国起事之良机。现时此等人不能肆志之原因，乃因资本之不足。若帝国政府能利用其资本之不足，假以借款，唆以起事，则中国全国，大乱立见。我日如此，乃可起而干涉并整理之。吾人当容纳中国革命党、保皇党及其他不满中政府之人物，以扰乱全中国之地。其全国既扰乱，而结果乃推翻袁政府。”

1916 年 1 月 19 日，就在袁世凯称帝不久，大隈重信内阁通过了“要注视（中国）南方动乱的发展”的决议。3 月 7 日，又决定“袁氏掌握支那之权力，不能不成为帝国完成上述（指日本在华权益）之障碍。为完成帝国的上述方针，要袁氏退出支那权力圈是适宜的”，“对帝国民间有志者同情以排斥袁氏为目的之支那人的活动，并援助资金物品之举，政府不负公开奖励之责任，但默许它是符合于上述政策的”。日本人相中的“反袁的支那人”，既包括肃亲王善耆为首的清室宗社党这种复辟组织，也包括孙中山领导的革命党。

孙中山为反袁而竭尽全力，很久不见起色，这时候日本送钱送枪上来，真是喜出望外。3 月 10 日，孙中山与久原财阀签订借贷契约，以四川省的矿山权为担保，获得 70 万日圆的借贷——可孙中山这时候哪有权力抵押四川省的矿山？所以这钱等于是白送的。4月7、8日夜，孙中山、戴天仇、秋山定辅在秋山定辅宅第与日本大陆政策的急先锋田中义一长谈，8日之会谈一直持续到午夜零点。会谈内容虽然至今未完全明了，但至少包括两点内容。一为日本军部同意孙中山购买武器，二为日本在中国驻军对革命党举兵之配合。尤其是在山东日军控制之胶州湾和青岛之东北军起事。孙中山离日之交通亦由参谋本部全权安排，具体由参谋本部中国班长本庄繁中佐负责。参与孙中山这一次反袁“革命事业”的日本军人如松井石根、本庄繁、小矶国昭等人，在此后的中日战争中将作为重要人物再次出现。

张一麐在为《申报》五十周年纪念专刊所撰《五十年来国事丛谈》中说，“清之亡，实亡于庚子而非亡于辛亥。八国联军之后，一切内政无不牵及外交，人必自侮而后人侮之，国必自伐而后人伐之，此定律也，不可逃也！”如果不是中国内争不断，致使国事糜烂，日本有何胆量“蛇吞象”？而此国难当头，袁世凯居然费尽心机谋帝制自为，这是任谁都不可能为他解脱的昏庸和无耻吧。然而，若别人处在袁世凯当时的境地，是否会谈出对中国更有利的结果？

顾维钧曾说袁世凯“为人精明，长于应付各种人物，但从未想把才能应用在治理国家、使之走上民主化道路这一方面”。是啊，多少年来，袁世凯的才能大都虚耗在无谓的权力斗争中，而没有用在治理国家的正途上，多少年来，中国人的才智大都展现在内斗上，于是总招来外辱。

3. 公与私

都说“皇帝轮流做，明年到我家”，似乎“做皇帝”这事跟喝壶凉开水似的，谁都干得，而且干起来很舒畅。但细看中国历史，有几家皇帝是真正生活得喜笑颜开的？所以崇祯皇帝自缢前对其女儿痛言，汝何生帝王家！做皇帝不快乐，做开国皇帝，那就更是将脑袋系在裤腰带上。

做开国皇帝，要付出多大代价？看看袁世凯为此开出的“账单”吧。这个“账单”里，包括了袁世凯一生的功业和声誉，甚至也包括他子孙后代的幸福。如果他知道自己会付出如此惨重的代价，不知他还会不会做这八十三天的皇帝？

当然，有历史学家说，袁世凯称帝有不得已的苦衷。从历史情境来看，袁世凯承继的中华民国，并不是一个“统一”的国家，地方各自为政，盗匪横行，社会动荡不安（如白朗起义），革命党此伏彼起，中央政府极不稳定，同时面临着帝国主义的瓜分危险。面对这些困境的任何统治者，大概都会倾向于采取加强中央集权的措施来强行推行“统一”，后来的段祺瑞、吴佩孚、孙中山、蒋介石都是走的这条路。可是这种强硬的集权政策，却不得不面对新生的“民主共和”体制，后者天生就是集权的敌人。在意识形态上，传统的效忠王权的观念已经崩溃，但新的意识形态也很难建立起来。从历史实际来看，随着民国共和政治实践的失败，“共和民主”并未“深入人心”，反而是很“不得人心”，所以政治合法性的基础很不稳固，于是政治效忠问题成了政治稳定的大问题。其实，袁世凯在组织撰写清帝退位诏书时所加的那一段话，已经足以表明“中华民国”立国的合法性危机了：国家合法性的根基在“民权”，还是“皇权”？

对于袁世凯时代的中国人而言，效忠于一个人，比忠于国家或忠于抽象的约法更易于理解（袁复辟失败之后还有张勋“前仆后继”，可见“皇权”的观念难以一夕消退），所以，有些历史学家认为，袁世凯复辟帝制，是试图一劳永逸解决政治效忠问题，通过帝制赢得部属和民众对他的效忠，从而以釜底抽薪的手段，一劳永逸击退他的政治竞争对手。这一说法并非毫无道理。据说杨度当初向袁世凯劝进，最打动袁世凯的理由就是：“北洋诸将，从公多年，所为何事，亦惟欲攀龙附凤，求子孙富贵耳，公不早定计，其如诸将何？”（这种论调何等熟悉，原来在《史记·项羽本纪》和《后汉书·光武本纪》中早就有过！）其实时人都说，杨度自己就有当中华帝国总理的野心。

袁世凯之所以对于称帝一事计议无比周详，制造种种虚假的民意，利用种种真实的对共和制度的非议，而反复申说自己不愿意称帝，一再推让，就是要有意无意利用这种种现实情势，堵住那沸腾的物议——你看，我自己并不想做皇帝，是“共和”实在办不下去，这么多专家学者、民意长者都“劝进”，我虽受之有愧，也只好“一秉公心”，“却之不恭”。人说他是“半推全就”，确是妙论。

不过，袁世凯走上帝制自为、身败名裂的道路，和他自身的性格、观念有莫大关系，这一点也毋庸讳言。梁启超说：“袁氏初从吴忠壮公（长庆）于朝鲜，豪爽奔放，以一时人杰自命……故欲强中国，革腐败之心，袁氏实不在人后。又眼见朝鲜为日人从其手中夺去，经此刺激，其爱国之心，实亦强烈而真挚，并不由于壮飞（谭嗣同）一席之语所启发。惟自始至终，一‘私’字横亘于胸，必须将中国移为其袁氏之私产以后，乃极力整顿，使成为富强；此所以身败名裂，贻祸中国无穷也。”

袁世凯不具备一般儒家士大夫所推崇的那种理想的政治人格，他也很难说得上信仰传统儒家的政治伦理观念，如天下为公，如忠君报国——尽管这些见诸他的言辞所在多有。所以，他和曾国藩、李鸿章这些中兴名臣最大不同可能就在于，曾国藩是“理学名臣”，他以一介书生整军经武，芟夷大难而建功立业，完全是为了维护儒家纲常名教，为了忠君报国，所以有日本学者将曾国藩的湘军看作是和洪秀全的“拜上帝教”作战的“宗教军”；李鸿章虽然被曾国藩讥为“有痞气”，但他儒臣的观念还是根深蒂固，不然不会在明知将身败名裂、遗臭万年的情况下，还去签下《马关条约》和《辛丑条约》，这是所谓的为臣子“独为其难”。袁世凯则是典型的“个人英雄主义者”，就像梁启超说的，“一‘私’字横亘于胸”。他崛起于晚清政坛，也可以说是儒家传统政治伦理气数已尽。

曾国藩、李鸿章以及袁世凯后来的政敌瞿鸿禨，都是科举出身的儒臣，他们的政治关系网络也是以科举的同门、同年以及师生关系组织起来的，可袁世凯没有这样天然的政治资源，他连秀才都不是，传闻他后来想向瞿鸿禨递门生帖人家还不愿接（这是误传），可见他的身份多么尴尬。因此，袁世凯被迫以个人效忠来取代信仰的效忠，以个人感情的纽带来维系他的整个政治权力网络，到处拜门生、到处结金兰之褉，这是他为获取人际资源，编织权力网络而不得不为之计，这和后来的“蒋委员长”一路地“结拜兄弟”，有异曲同工之妙。这种策略最明显的表现，就是他将子女的婚姻作为获取政治联盟的手段。他的儿女亲家包括：前清湖南巡抚吴大澂，两江总督张人骏，邮传部尚书张百熙，直隶总督杨士骧，前清驻英法比意四国公使薛福成，陆军部大臣荫昌，江苏巡抚陈启泰，直隶总督周馥，吏部尚书陆宝忠，大学士那桐，两江总督端方，民国内阁总理孙宝琦，陕西督军陆建章，民国总统黎元洪，民国大总统曹锟……甚至他在图谋复辟帝制的时候，为了减少前清保皇党的压力，还试图将自己最心爱的三女嫁给溥仪。不过，话又说回来，到了袁世凯这种地位，他的儿女亲家也不大可能出自一介平民了。

袁世凯没有儒家的政治信仰，渐渐地就滑落到信仰歪门邪道去了，如章太炎所说，他“能合其众而不能自将也。乎力不足者，必营于禨祥小数”。他能统率那么多能臣猛将，却无法统率自己的“心魔”，这也是他没有信仰作精神支柱的后果。袁世凯走上称帝败亡之道，他的迷信术数、痴迷风水是一剂效力强大的迷幻剂。他身边鼓动他帝制的人，最初就是用这些神鬼道来诱惑他的。有人说，袁世凯谋称帝，有个原因就是他相信称帝可以有“冲喜”的神效——可以冲破他命定六十寿终的天意。

袁世凯笃信风水阴阳堪舆之术，这和他自身的经历有很大渊源。袁世凯晚年每次去宫中面对回来，总是要有好几天感到体气虚弱、身体不适。后来有个风水先生告诉他，宫中召对的那个殿堂方位正好和他的命相相克，所以应该尽量少去。袁世凯信以为真，后来果然再也没有这样的事。因为有此一说，所以袁世凯当上大总统后，甚至当皇帝的时候，都没有要清室退出故宫来让自己“坐龙庭”，而是自己搬到中南海去住。袁世凯的家书中，可以看到他年纪轻轻就在琢磨祖坟祖宅的风水！

袁世凯相信这些神道故事，他相信自己天命所归，必有这些征候，就如汉高祖之母梦白蛇一样。有算命先生告诉他，根据他的面相和八字，他是龙虎之命，必定有登九五之尊的一天。这还是袁世凯当上大总统之前的事，所以袁世凯成了民国元首以后，觉得算命先生有先见之明，他对命相之说更加相信。到了1915年5月筹安会成立，袁世凯帝制自为的迹象非常明显的时候，四川碰巧发现一个溶洞里有两条嵌在洞壁上的恐龙化石，有些利禄熏心之徒就趁机打电报向袁世凯劝进，说这是真龙天子出世的祥瑞之兆，当然这“真龙天子”就是袁世凯了。袁氏居然深信不疑，还为此专门拨出几十万元的经费来修缮保护。后来袁世凯家祖坟上长出两根紫藤，这也附会成双龙护祖，天子出世的瑞征。袁世凯表面不动声色，其实心中窃喜。到了后来，他教训女儿读书的口头禅，由“再不好好读书，不给你饭吃”，变成了“要好好读书，都要当公主啦！”对于当皇帝一事，其得意之状难以掩饰。

为了称帝，袁世凯耗费了大量国库经费。关于洪宪称帝的费用，根据后来护国军所列媾和条款所载，数目约在6000万元。但有账可查的约在3000万。秘密用出的则不知详数。这笔费用的由来，有借款，有救国储金，有各项税款、鸦片专卖之类。据调查所得：3000万用途，原定以2000万为大典专款，以1000万为登极犒军之用。自护国事起后，将犒赏军队之1000万移作战费。而大典筹备之2000万，尚余200余万由该处中人瓜分（此据丁中江《北洋军阀史话》）。以天下之膏血，而供一人之私天下，其名义，则是“以慰薄海臣民喁喁之渴望”，在公私不分、假公济私上，袁世凯比他看不起的将垃圾扫往大街的妇女还不如了。

公道一点说，民国初年的政治败坏，为袁世凯称帝创造了种种条件，但即使是那些一心怂恿他帝制自为的人，私心里恐怕也不觉得袁世凯够资格做皇帝。反对帝制的章太炎和张一麐都当面劝阻过袁世凯，说如果你真正把中国整顿好了，使其成世界强国，那时候你当皇帝是真正的众望所归，没有几个人会来反对你了。这么一说，好像再行帝制也不是不可以，只是无人够格当这个皇帝。要知道，拿破仑是将横扫欧洲的辉煌战绩摆在了法国人的面前，作为送给法国民众的见面礼，这才赢取了皇帝的加冕礼。

袁世凯败亡之后，张謇在其日记中如此评点这位故交：“三十年更事之才，三千年未有之会，可以成第一人，而卒败于群小之手。谓天之训迪我民乎？抑之自为而已？”张謇亲历清末民初诸番政坛风雨，阅历不可谓不多，见识不可谓不深，而犹不敢断言袁氏败亡之道，究为天意，还是咎由自取。但不管如何，从此语中不难看出，他对袁氏才干的叹服，对其际遇的感喟，和对其败亡的惋惜——他之才干和机遇，本可以使之成为三千年来开启中国政治新局的第一人，足堪留名青史供万世称颂，却将自己葬送在此种昏昧之举中，能不惜乎？

4. 新与旧

袁世凯于 1915 年 12 月 12 日宣布接受帝制，将 1916 年改元为“洪宪元年”，这个年号就颇有来历。袁世凯认为颠覆满清之后，要兴复汉族传统，自己是汉人的皇帝，如此就取明太祖建号“洪武”的“洪”字。满清坐了几百年的江山只遇到一个劲敌，是太平天国的“洪秀全”；颠覆满清的大功臣、武昌起义时的元勋“黎元洪”，名字中也有个“洪”字。袁世凯要镇住满清的江山，就按照“相生相克”的道理取了“洪宪”这个年号。他要登基了，因为痛恨日本，将故宫中太和、保和、中和三殿的名字都改掉（因日本自称“大和”之故），改为“承运”、“建极”、“体元”三殿，以为这样就可将日本带给他的霉运去掉。他对术数的迷信真是深入骨髓，无药可医了。

当然，袁世凯绝对不是一个什么事情都“不问苍生问鬼神”的“扶乩大仙”。他有时候会使些怪招作弄、揭穿那些招摇撞骗的神汉。在小站练兵时，有人向他推荐一位“刀枪不入”的神人，说如能将此人笼络军中，打起仗来必百战百胜。袁不动声色召这位术士来到军中，待以上宾，然后向军中将领宣布，要当场验证一下这位“刀枪不入”的神技。这天营中觥筹交错，袁命术士立于百米开外，让手下一排军士开枪射击，此人果然安然无恙。于是军中一帮人目瞪口呆，大惊失色。袁世凯得意一笑，宣布择日再让此人献艺，要广招各界名流观艺，而那位术士则神气十足，得意非凡。又一天，袁世凯连外国领事馆的洋人都招来了，让这位术士再表演刀枪不入之术，同样地安排一排士兵射击，只见一排枪放过之后，那术士浑身像个扎了孔的啤酒桶，到处是喷血窟窿，当然倒地不起，一命呜呼。在场的人士大为惊讶，满面狐疑，不知为何这次术士水平没有发挥出来？至于那位向袁世凯荐举术士的人，则在一旁吓得面无人色，两股战战如筛糠。这是怎么回事？

原来，袁世凯从一开始就不信什么刀枪不入的“神技”，第一次这位“神人”之所以毫发无伤，是袁世凯故意让士兵放空枪，第二次才是真正的实枪实弹，哪有百发而不中的道理？袁世凯知道这是些骗人的玩意儿，所以当义和团到处宣扬自己“神功护体”、“刀枪不入”时，他就知道这些人不可能成气候。

他是一个新旧交替时代的杰出人物，他有很多不可思议的可笑旧思想，但这些旧思想又奇怪地糅杂在一团乱麻的新观念和做法之中。比如他二子袁克文到处留情，刚娶了正室没几个月，就接二连三娶姨太太，克文夫人到处哭诉，袁世凯听到后居然说："有作为的人才三妻四妾，女人吃醋是不对的。"他喜欢缠足的女人，他最喜欢的五姨太太，其得宠原因之一，就是她有着一双缠得很小的"金莲"。他这样看不起女人，可他居然是中国女子教育的先驱和开创者，是他在直隶总督任内创办了中国最早的现代女子教育。他在自己家里，也请了女教师给自己的女儿和姨太太上课，为此他还专门给姨太太起了这样一本正经的学名：五姨太叫志学，六姨太叫勉学，八姨太叫潜学，九姨太叫勤学。

虽然他一脑子的皇帝思想，但他复辟帝制的时候，却给自己的"帝制"加入了不少"现代"因素：废除了太监制度，代之以女官制度；废除了地方进贡制度；规定皇室成员不许参政……也许最值得后人感慨的是，他将自己的国家定名为"中华帝国"。

考诸中国历史，从来没有哪一家哪一姓的王朝自称"某某帝国"，"帝国"这个词是近代以来中国和外洋各国交通以后才流传起来，是从日本传入的新名词。袁世凯称帝的时候，为这个名字就颇费踌躇。他大概没有想到，由他组织起草的"大清朝"退位诏书开宗明义第一句："天下者天下人之天下"，意味着要将民国的"天下"变为他袁家的"天下"，在道理上是再也说不通了。于是他不得不搬出"中华"这个挡箭牌来为他的帝制"遮羞"，似乎这样就是"公天下"了。

治皇帝大印的时候，也有许多曲折在内。明代朝廷共有玺印九颗，其文不同，用处也不同："奉天之宝"为祀天之用，"制诰之宝"为一品至五品诰命之用，"皇帝之宝"为诏赦圣旨之用，"皇帝行宝"为立封及赐劳之用，"皇帝信宝"为诏亲王大臣调兵之用，"天子之宝"为祭祀鬼神之用，“天子行宝”为封建外夷及赐劳之用，“天子信宝”为诏外夷调兵之用，“敕命之宝”六品至九品用之。以上九种玺印，皆以玉制，所以称为玉玺。因为古代中外隔绝，天子一尊，四海外国皆其臣属，所以中国皇帝的天子之宝，可以统御一切，根本用不着在大印上刻上国名。可是袁世凯的时代，中外沟通已盛，列国并立，中国反而积弱成俎上鱼肉，皇帝再也没有信心自称“天子”了。所以，袁世凯的玉玺对内用“皇帝之宝”，对外则用“中华帝国之玺”，刻文还是用明朝洪武皇帝定下来的九折篆书，取乾元用九之意。从这些举措来看，袁世凯并不是“关起门来做皇帝”，即使在他最昏庸的时候，他在政治上也还有视野开阔、观念趋新的一面。

也许，顾维钧这样简洁而近乎白描的评价，是袁世凯交出的历史答卷上，较为合适的评语——

袁世凯是军人出身，曾任驻朝鲜总理交涉通商事务衙门总办，僚属中也有像唐绍仪先生那样受过新式教育的秘书和顾问，但他完全属于旧派。和顽固的保守派相比，他似乎相当维新，甚至有些自由主义的思想，但对事物的看法则是旧派人物那一套。他以创练新军和任直隶总督知名。他是个实干家，卓越的行政官吏、领袖人物。

有人说，袁世凯少年时颇有“才气”，中年有“英气”，而晚年则“暮气”重重，至其称帝时，则仅余“尸居余气”。古今多少英雄，几人脱此轮回？少年鲜衣怒马，壮岁雄姿英发，而人生之悲凉，尽在英雄末路，美人迟暮。

5. 功与过

中国的现代化事业，百多年来磕磕绊绊，走到现在也还是步履蹒跚。

虽然走得艰辛，还是有人一直在走，路上行人稀少不足为虑，只要不断有人惊醒，路上总有一天会人潮汹涌。对于后来者来说，这路是谁开辟的，是谁最先带着国人走上这条路，也许并不重要了，可是当我们反思百年历史的时候，就不得不去追索这些消逝在历史风烟中的人物影像，否则，我们的历史就是一片让人心慌的空白。

这些先行者中，都有些什么人物？现在大概没有多少人会反对将曾国藩、李鸿章、张之洞等封疆大吏列为中国现代化事业的先驱了吧。袁世凯呢？袁世凯不也是晚清最著名的大僚么？他算不算是个先驱人物？

袁世凯是一个“改革家”，这一个说法多少有点让人感觉陌生。其实，只要列出他的政绩，这个结论就无可争辩。

袁世凯 1995 年开始在天津小站练兵，他是中国第一个引进现代西方军制和操法的将领，是中国军事现代化的先驱，他主持编写的兵书，始终是中国现代军事史中绕不过去的经典。

袁世凯在天津首创中国巡警制度。1902 年 5 月，袁世凯在保定创设了警务总局，挑选了 500 名巡警，设了五个分局，分布在城厢内外。同时，责令赵秉钧在保定开办巡警学堂，聘请洋人充当教习。保定巡警学堂也许是中国第一所警察专业学校。袁世凯在保定创办警务总局时，天津还未交还中国。他之所以创办警务，与筹备接收天津有很大关系。当时，八国联军照会清政府，规定天津周围二十华里内不许驻扎中国军队。袁世凯愤于这一屈辱要求，将其办公地转往保定的直隶总督府，坚持联军退兵之前不入天津。但联军要求直隶总督保证地方治安，所以袁世凯化兵为警察，将北洋军各镇中即将退伍的 3000 兵士，训练成为巡警，开进天津，这样既绕开了联军的限制，又维护了中国的主权。

他在直隶总督任内，天津建起了第一家发电厂，第一家自来水公司，第一个电话交换局，第一个市政卫生和交通体系……

他采用西法建造大量工业建筑和公共建筑，从此天津被誉为“万国建筑博览会”。

他整顿直隶吏治，成效卓著，成为清末新政中最为人瞩目的善政之一。他规定，凡是分发到直隶任职的官员，都必须自备学费去日本留学考察三个月，否则不准到任。

1906 年，正是他和张之洞联名上奏，废除了连绵上千年的科举制度。

他和张謇等立宪派人物内外呼应，一力促成了 1906 年以后的“预备立宪”，是清末大员中呼吁宪政最热衷，推动宪政最扎实的风云人物。美国汉学家任达在《新政革命与日本》一书中开宗明义地说：“粉碎了经历 2100 年中国帝制政府模式及其哲学基础的，不是以孙中山及其同伴为中心的 1911 年政治革命，相反却是 1901 年至 1910 年以晚清新政为中心的思想和体制的革命。”提起晚清新政，我们不应忘了袁世凯和他的同僚与对手，包括张之洞、张百熙、赵尔巽、端方、岑春煊、沈家本……

1907 年，全中国历史上首次举行的地方选举，就是袁世凯主持推动的天津市政选举。

最为影响深远的是，在直隶总督任内，他兴办了大批新式学校，从大学到中学到小学，从综合性学校到各种专门学校，短短几年时间里，他兴办的新式学堂居全国首位。

中国人今天仍热情传诵詹天佑修京张铁路的功绩，可是再也没有人谈及，这条铁路的决策、资金筹措，包括决定用中国人和中国资金修建等等，主要是袁世凯的功劳。1909年京张铁路竣工通车时，袁世凯已经被逐出朝堂，詹天佑感念袁世凯对修造此铁路的首倡之功，特赶在年关前将京张铁路主要工程的照片一套，遣专人送至洹上村袁世凯处，以慰袁氏之怀，而此时袁氏却只能报以万端感慨。

进入民国，他积极整顿财政，统一币值（发行“袁大头”），颁布法令促进经济增长。向来人们认为第一次世界大战期间中国经济飞速增长，是因为欧洲列强无暇东顾，放松了对中国的控制，没有人会将这种经济繁荣的功劳算在袁世凯头上，但统计数字表明，在袁世凯当政期间，欧战前中国民族工商业已以较高速度发展，大战爆发只是加快了发展速度。

看看这些袁世凯当政时期颁布的法令吧，也许我们对他的印象会有些改变：《政团不许干涉司法行政两机关令》、《通饬禁种鸦片文》、《申禁强迫国民捐令》、《饬令各省整理财政文》、《严禁种植贩卖吸食鸦片文》、《告诫政党并禁军人入党令》……

当然，袁世凯死后留下的最大遗产，除了被折腾得再无任何“共和”气息的“共和”之外，就是一大堆大大小小的北洋军阀。所以章太炎不无感慨地说：“袁氏既没，其佞臣猛将尚在，卒乱天下，今日无有言袁氏之功者矣。”

▲66

▲67

▼68

▲69

▲70

66 杨度，67 梁士诒，68 古德诺（中立者），69 刘师培，70 胡瑛。

刘成禺《世载堂杂忆》记载，杨度留学日本期间曾与孙中山相约："吾主张君主立宪，吾事成，愿先生助我；先生号召民族革命，先生成，度当尽弃其主张，以助先生。努力国事，期在后日，无相妨也。"

袁世凯死后，杨度挽曰："共和误民国，民国误共和；百世而后，再平是狱。君宪负明公，明公负君宪；九泉之下，三复斯言。"杨度、梁士诒是袁世凯帝制的主要吹鼓手，外人古德诺也以一篇《共和与君主论》，被牵扯进袁氏称帝之中。历史如此戏剧，到底谁误了谁，谁成就了谁，而今看来，却似雾里看花，终隔一层。

▲71

▲72

▲73

71 1912年在南京总统府内的孙中山，**72** 黄兴，**73** 宋教仁。1912年的孙中山志得意满，尽管民国肇建，问题成堆，但是总算迈出了关键一步，黄兴、宋教仁也为新生民国奔走劳碌，看襁护褓，其尽心尽力不可谓不令人动容，但是这一干西装革履的南方革命派与北方长袍马褂的实力派却势同水火，谁将笑到最后，此时尚未可知。

▲74

74 1914 年 7 月 8 日，中华革命党在东京召开成立大会。前排右起为：田桐、廖仲恺、居正、胡汉民、孙中山、陈其美、许崇智、郑鹤年、邓铿，后排左五为戴季陶。1913 年，宋教仁遇刺，孙中山发起“二次革命”，无奈事败，逃亡日本，并在日本组建中华革命党，试图整顿党务，以利武装讨袁。中华革命党成为掣肘袁世凯的一支主要力量，合影中一干人等都成为了后来中国政坛中呼风唤雨的人物。

誓詞

民國建設造端百凡待治

世凱深願竭其能力發揚

共和之精神滌盪專制之

瑕穢謹守憲法依國民之

願望蘄達國家於安全彊

固之域俾五大民族同臻

樂利凡茲志願率履弗渝

俟召集國會選定第一期

大總統世凱即行解職謹

掬誠悃誓告同胞

大中華民國元年三月初十日

袁世凱

▲75

75袁世凯就任临时大总统誓词，76袁世凯在北京就任临时大总统合影。

▲76

1912年3月10日，袁世凯在北京石大人胡同的前清外务部公署宣誓就职临时大总统。袁着军服，佩长剑，面南正立，宣读誓词："世凯深愿竭其能力，发扬共和精神，……俾五大民族同臻乐利。"次日，临时约法公布，南京参议院致电袁世凯，承认就职大总统，但强调："本院代表国民，尤不得不拳拳敦勉者：临时约法7章56条，伦比宪法，其守之维谨！勿逆舆情，勿邻专断，勿狎非德，勿登非才！"此一番苦心，而今看来，却似笑谈。

77

袁世凯幕僚张一麐

张一麐从小站练兵时期开始跟随袁世凯，是幕中良才，办理文牍工致敏捷，袁前期的文字多出于其手，袁对张甚为倚重。袁做总统后，以张一麐为机要秘书，后任政事堂下设机要局局长。张一麐为人正直，虑事以民国大局为重，自视为“北洋派中的非北洋派”。筹安会成立之后，张一麐一再谏阻袁世凯称帝，痛陈帝制之危害，并因此受到帝制派炸弹恐吓，但终不改其志。袁世凯取消帝制后曾说：“仲仁（张一麐）在予幕数十年，未尝有一字要求官阶俸给，严范孙与我交数十年，亦未尝言及官阶升迁，二人皆苦口阻止帝制，有国士在前，而不能听从其谏劝，吾甚耻之。”

78 1913 年的祭天大典上，图为袁世凯在一众文武的簇拥下，登上祭坛献祭。1913 年 10 月 10 日，袁世凯就任正式大总统，12 月 23 日冬至，来到天坛祭天，祭天按照传统方式进行，袁世凯身着十二章衮服，拾级登台，多年壮志似乎一朝得酬，然而，他自己又何尝不是这权力祭坛上的祭牲，案俎上的鱼肉。

▼78

▲79

79 1913年祭天照片，**80** 袁世凯在众人的簇拥中，**81** 中华帝国文官官服。一直以来，图79都被当做袁世凯登基的照片广泛使用，但实际上这些人中，并没有袁世凯。图80中，袁世凯身穿的是十二章衮服，胸前、后背和两袖各三个共计十二章纹。衮服饰以龙、日、月、星辰、山、华虫、宗彝、藻、火、粉米、黼、黻十二章纹，与冕冠合称“衮冕”，是古代最尊贵的礼服之一，用于皇帝祭祀天地、宗庙等重大活动。图79中，并未发现有身着十二章衮服者，所有人均身着图81所示普通文官官服，因此，图79只是祭天中的一幕，却并非其登基照。

◄80

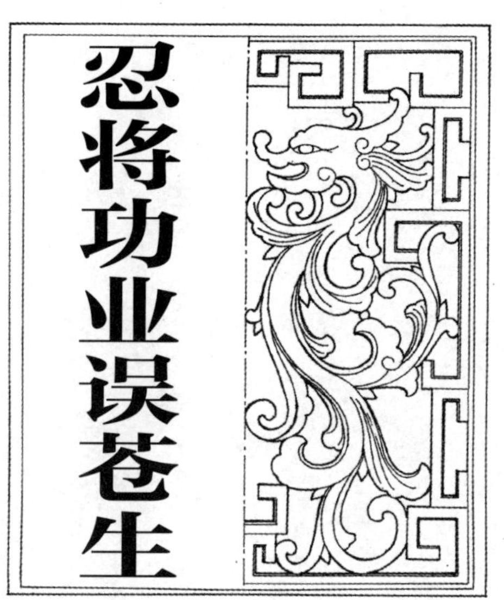

尾声

尾声

忍将功业误苍生

站在历史的这一头，我还是止不住想去访问他，想问问他，在戊戌八月初三的深夜，纠缠他的到底是什么样的念头？在人生的终点，他肯定怨恨在心。如果他知道，此后近百年他都会顶着“窃国大盗”和“卖国贼”的头衔，走进历史的书写，他在走向那具冰凉的龙椅时，双脚会不会颤抖？他会不会为了他的“功业”，一直走到路的尽头……

美国作家埃利斯在描绘美国建国国父们的传记作品《那一代》中告诉我们，独立战争之后不久的美国，是一个“尚处在襁褓之中的国家”，其“政治图景是一片危险的流变地带”，具有“高度流变的、依然脆弱的特性”，是一种“尚在向一个稳定形态摸索前进的政治文化”，它的“国家政治和制度还需要建设一个自己的免疫系统，以抵御会侵害所有新成立的国家的各种政治疾病”。而这时候，政治是否能够走上正轨，端有赖于领袖们的个人品质，所以才有汉密尔顿和伯尔为了荣誉而进行的生死决斗——“荣誉之所以是重要的，是因为品格是重要的。而品格之所以是重要，是因为美国的共和政府实验的命运，还维系在具有道德风范的领袖能够存活下去这一点上。最终，美利坚合众国会发展成为一个法治之邦，并确立能够经受得住腐败或无能的政府官员的制度。但是当时还没有到这种地步。它还要求有可敬的、尚德的领袖才能继续存在下去。”

“中华民国”是亚洲的第一个共和国，这个宝贵的“第一”往往被我们彻底忽视了。它意味着在二十世纪初期的中国，建设“共和”的艰难也许远远超出了美国建国的时代，超出了法兰西建立共和的时代。美国建国快一百年的时候，还在出“美国皇帝”，法国的“共和”、“帝制”也数经反复。

当“共和”的制度尚在未定之数的时候，我们只能寄希望于领袖的道德。中国“共和”的悲剧在于，那个时代不仅没有为中国准备好“共和”的制度，也没有提供足够的“共和美德”。社会没有提供，袁世凯也不具备——虽然在民国元年，连孙中山都盛推袁世凯为“中国之华盛顿”。他的政治对手，同样缺少这样的美德。在“中华民国”，第一个威胁带兵包围国会、以武力胁迫议员的人，并不是袁世凯，而是南京临时政府时期的孙黄一派，为的是让参议院投票定都南京。

然而，对政治人物来说，道德真的那么重要？袁世凯的功业，不都是建立在摒弃道德的基础之上？袁世凯的政治对手，在道德上就那么优越？这个问题，留下无尽的沉思空间。

也许他的一生，还充满了巨大的遗憾。人生是遗憾的美学，历史又何尝不是？所有历史的书写，总是现时代的隐喻，而我们对这时代却总也参悟不透。虽说作为站在时间这一头的后人，我们可以有些“后见之明”，例如，知道袁世凯称帝必然失败，知道共和是历史潮流，但站在时间那一头的袁世凯和他的对手，又怎能轻易地看到这结局？在人生的每一个十字路口，我们选择，却不一定知道那一项选择的真正含意和后果。比起历史人物来，我们是端着望远镜回望过去的历史，过去的一切似乎尽收眼底，他们却只能用放大镜端详着眼前的现实，一只小小的跳蚤很可能放大为一只怪兽，需要他满怀焦虑地全力应对。所以当他们面对的“现实”，成为今天我们审视的“历史”时，我们也许应该多一点点同情，对他们的“举止失措”，多一点点理解。今天的时代也必然成为历史。后人可能比前人看得远，那未必是因为后人站得高，很可能只是因为他们看得多而已。

“人生若只如初见”，这种绝望，皆因为人生中所有最初的美好，最终都会随着时间的流逝化为灰烬。袁世凯如果死于1914年，或者死于1904年，或者死于1894年，他留在历史镜中的，会是哪一种印象？

很多年后，顾维钧回忆第一次见到袁世凯的情形：“坚强、有魄力，谁一见他也会觉得他是个野心勃勃、坚决果断、天生的领袖人物。”

美国驻华公使芮恩施这样描绘刚当上中华民国大总统的袁世凯："他（袁世凯）身材矮胖，但脸部表情丰富，举止敏捷。粗脖子，圆脑袋，看来精力非常充沛。他的两只眼睛长得优雅而明亮，敏锐而灵活，经常带有机警的神情。他锐利地盯着来访的客人，但不显露敌意，而老是那样充满着强烈的兴趣。他的两只眼睛显示他多么敏捷地领悟谈话的趋向。"

多么生动的一副形象，这就是处在权力和荣誉巅峰时的袁世凯。那时候他总是有挥洒不尽的精力，他每天天不亮就起床，不管政务多忙中午总要睡一觉，晚上不时和爱女玩玩"找银元"的游戏，将几枚"袁大头"藏在床角或柜底，女儿找到了他就哈哈大笑，将银元赏给她们。他晚上办公忙碌到深夜，日复一日，有如永不停歇的钟摆。不管一天要看多少报告，写多少批文，他面上从无倦容，他一边批着文件，一边听着汇报，手舞笔动之间，各种难题一言而决，从无拖沓。如果加上一点点生活细节，这该是多么完美而有趣的一个人物：他每天的早餐要吃掉二十多个煮鸡蛋，加一篮子白面馒头（别人的回忆，似乎有点夸张），再加上一大碗牛奶；他吃东西非常快，用大海碗吃面条，几口就可以吃完；他喝汤或喝稀饭的时候，往往弄得胡子、衣服上汁水淋漓，他又从不用手绢，遇着他流鼻涕的时候，如果无人在旁伺候，就用衣袖一擦了事，他是个天生的军人，一生都保持着最标准的军人行仪，喜欢穿军装和制服，所以颜色庄严的衣袖上总是斑斑驳驳，留着些汁水的痕迹，为了大总统的仪容，他的九个姨太太轮流着将毛巾沾湿，帮他擦拭干净，他像个不会照顾自己的脏孩子一样，伸出手来，乖乖地让她们摆布，自己从不为这些小事动手……

不到三年，袁世凯一双精光四射的眼睛变得黯然无神，他常常满面戚容呆坐在空无一人的办公室里，半天不发一言，目光呆滞，不知所从。到他病重再也无法端坐的时候，躺在床上，颤颤巍巍地抓着文件，半晌无法看完一篇。他的幕僚再也不敢拿那些烦人的难题交给他解决，因为他一看到有人反对他的消息就要骂人，有时气得晕厥。

共和误民国？民国误共和？百世而后，再平是狱；

君宪负明公？明公负君宪？九泉之下，三复斯言。

这是杨度写给袁世凯的挽联。袁世凯临死前喃喃自语，“他害了我！他害了我！”这个“他”，有人说是杨度，有人说是袁克定，说起来两人都不冤。所以出丧时，杨度作此联挂于灵棚，明为吊唁，实为自己申辩。但又有谁为袁世凯申辩呢？据说袁氏谢世之日，几上发现其亲书二语曰：“为日本去一大敌”，“看中国再造共和”。也许，这就是袁世凯的自挽之联。

究竟是袁世凯负了民国，还是民国害了袁世凯，这问题且留给历史学家去回答吧。当历史人物走进历史文字之后，合上书页，我们的目光也许会迫不及待地转移到这些人物生前巨大身影掩盖的“小人物”身上来。袁世凯对中国历史的影响太大了，以至于很久以来我们对其难以正视。而他的后人，也长期被他的身影所遮蔽。

说起来有点好笑，袁世凯这个“武人”最有名的儿子，却是一个放荡不羁、大大有名的文人。恰恰是这位文人，对他的称帝极力劝阻。在袁世凯复辟帝制气焰方张的时候，他最疼爱的二子袁克文做了一首题为《感遇》的诗，劝他不要称帝：

乍着微棉强自胜，阴晴向晚未分明。
南回寒雁掩孤月，西去骄风动九城。
驹隙留身争一瞬，蛩声催梦欲三更。
绝怜高处多风雨，莫到琼楼最上层。

这最后一联，是当年传颂一时的名句，其义看似浅显而实深沉。可袁世凯还是一意孤行，登上了“琼楼”最高层。于是，等待他的是风雨飘摇，风刀霜剑。

那么，等待他后人的又是什么风雨呢？

袁氏的后人中，唯一的知名人物只有一个袁家骝（袁克文之子），他和夫人吴健雄是“华人物理界无出其右的菁英伴侣”，二人均是闻名世界的物理学家。其余的儿孙，则都在公众视野中消失得无影无踪。

1973年，袁家骝阔别中国37年之后，第一次踏上故土，受到周恩来接见。他回到河南安阳，给袁世凯上坟，但他见到的墓园却是一片颓败、凌乱。石人、石马、五供等全部被推倒在地。袁世凯下葬的时候，墓上浇铸了两米厚的钢筋水泥，红卫兵们用各种自制的炸药，都没有把袁世凯的墓炸开。这片墓园，称为袁公林（陵）。

袁死后其家人要求以皇帝规格公葬袁世凯，要将袁世凯墓称为“袁陵”（传统中陵是帝王的墓），惧于舆论，北洋领袖不敢答应。袁世凯最大的政治对手孙中山之墓却毫无争议地被称为了“中山陵”，历史的叙说站在了孙中山一边。

还是徐世昌出的主意，在墓园四周广植松柏，称其为袁公林，可以谐音袁公陵。

多少年后，再也无人来和他计较真假。

▲82

▲83

袁世凯陵墓称为袁林，位于今安阳洹水北岸之太平庄，北望韩陵，东接御道，西依京广。陵墓外围为纯中式风格，神道、碑亭、牌楼、照壁、望柱、石人石马一应俱全。而今，神道旁站立的翁仲一如往昔，墓园却已郁郁葱葱，林木茂盛，不负徐世昌“袁林”之名，只是昔人不再，旧物仍存，唯有彳亍的风，和婆娑的树，相互低语，诉说历史的烟云。

82 民国时期袁世凯陵墓的神道与碑亭，83 袁林里的翁仲

袁林仿明清帝陵建筑形制，以神道为中轴的建筑群承袭传统建筑风格。墓冢则仿美国第十八任总统格兰特滨河庐墓的形制修成，内包水泥，外砌石墙，独具欧式风貌。形成了中西合璧、风格迥异的陵园特色，这种中西兼收的风格，正如袁世凯的一生，既有中式权术，又有西式思维，既武且文，可以说他是一个典型的马基雅维里式的政治家，融合各种冲突于一身。

▼84 袁林墓冢铁门

历史的脸谱

作为晚近中国华盛顿式的人物，曾经有太多的人在其身上寄予厚望，即使如孙中山，也曾对袁世凯抱有谆谆之期。然而，历史的风云，如同一幕幕无声电影，演绎着的不仅有喜剧，更多的是在时间面前的无奈和无力回天的悲戚。

后记

这书已经伴我走过了十年的时光。

2002年，应一位出版人之邀，写五个人物的图文版小传，作为一个设想宏大的出版计划的试水之作。因为种种变故，这一计划未能实现，仅留下了五部粗疏的书稿，分别写了五个似乎毫无联系的人物：袁世凯、杜月笙、章太炎、张謇和张勋。当时的篇幅，是每部五万字左右，如果单独出版，不成体统，合成一书，又毫无统系，至此终于体会到鸡肋的滋味。

2005年，同学好友张昊琦君偶然看到我电脑中的存稿，不无感喟地说，可惜了一番功夫，何不发到网上，也听个水响？于是，他热心地在天涯网的“煮酒论史”版帮我陆续连载了两部“民国人物小传”，这就是现在的网络上依然可以看到的“帝国骄雄袁世凯”和“杜月笙的1931”。

其间在网上互动往还，以文会友，有些朋友仍保持着联系，他们的鼓励和帮助让我至今感念不已。我不确定他们是否愿意自己的名字出现在我的致谢辞中（我想，这或许是一种打扰），但我定会永志不忘。网上连载后的数年间，也有一些出版人联系纸质出版的事，只是由于自己的种种考虑和疏怠，终于未能付诸实行，辜负了一些朋友的厚爱，甚至自己还有背信弃义之举，至今犹觉抱愧已极。

最初写作的时候，并不知道会写成一本什么样的书。惟心中有一愿望，希望它“好读”。为此，拒绝了章节体，也刻意避免通常写人物传记时的那种线性叙事结构。在材料上，采用了一些野史轶闻，想必难符史家严谨之规，于评说时，也免不了私心揣度，定有妄作解人之处。书中有些自己对历史情境、事件和人物的看法，也吸纳了不少严肃学者的观点（未能一一注明），但无论就其表达形式还是就其发掘深度而言，它当然绝非什么值得一顾的学术著作。然而，我也从未设想它是“历史小说”，或是“戏说历史”的新路数。

十年之前，写作之初，对这些人物实在谈不上有多少了解。是在看那些一手材料（主要是笔记史料和回忆录）的时候，才渐渐于心中浮现出一个个鲜活的、有别于一般史学专著和人物传记的人物形象，他们的音容笑貌和言谈举止宛在眼前，他们所处的境地和遭逢的际遇，也如影像一般在我眼前一幕幕展开，甚至他们心中所想，我也设身处地揣想一番，然后再参以学者的著述和解读，加以认知和体会。如果说“神游古今”，这也算吧。在我来说，这是一个滴涓入味的学习过程，也是一番情随事迁的人生体验：

十年来，心境、认识甚至文风都改变了很多，这些书稿当然也在一点点变化其内容、风格和色彩，其篇幅也渐渐增扩至将近十万字了。

坊间每有关于这些人物的新论述和新材料出来，都不免稍为留心，但不管我如何弥漏补罅，限于功底和格局，这些文字终究不能焕然一新，解读人物时的底色，仍然是当年读史时“凭空”拟想到的名利、权位和心机的铺陈，而援引史实时的错讹，也可能一仍其旧。如果让我重新写过，我再也不会简单从这些角度去理解他们了。写作时阅读参考过的著作中，最让我感佩的是骆宝善先生的《骆宝善评点袁世凯函牍》一书。先生对袁世凯相关材料的掌握之丰，对其人其事的了解之透，至今恐怕无出其右者，而先生文采斐然，不愠不火，不燥不腻，读来亲切有味，感人至深，这正是我心向往之而不能至的境界，有时甚至想：有了他的书，我又何必再献丑来写袁世凯呢？有心的读者不难看出，我书中有些令人深思的细节和对人和事的看法，其实源自骆先生的大著，而我自知，骆先生的著述足当名山事业，故宁愿我这书稿速朽，以免贻羞。据闻骆先生主编的《袁世凯全集》将于近期出版，则于研究者和读书人而言又是一番莫大的功德，衷心翘首企盼之至。沪上名报人徐铸成先生的《杜月笙正传》也是我写作、修改这些文字时常翻阅参考的名著，其中个别细节和故事，我当做一手史料，几乎无所更改地融入书中，因此间种种情境，唯有凭徐先生亲历亲闻之资、借其如神如绘之笔，方能再现其精彩。写杜月笙时，《旧上海的帮会》和澳大利亚学者布赖恩·马丁的《上海青帮》等专著和回忆录是最主要的参考资料。此外尤须提及的是张建伟先生的系列著作，他的《大清王朝的最后变革》当年在《中国青年报》连载时，我还是一高中生，站在学校读报亭中追着看完，激动不已，惊叹历史竟然还可以这样写！及至自己来写袁世凯时，在写作手法和对材料的理解上，自然还是受着他的影响。其余参考的种种史料和著述，惠我良多，因年深日久，当时不学，亦无随手作注的严谨习惯，或采或撷，难以尽述其渊源，无以致谢，有愧于心，而无补救之策，在此祈请众位方家和读者诸君包涵。

虽有种种佳作在前，令我有黄鹤楼头之叹，然而还是不畏东施效颦之讥，出版这几篇人物小传，非为博名——我恐赚得的是骂名，而是为一些盛情所感。有几位好友知道我写过这几个人物，常常催问何时出版，而我往往只能支吾以对，还有一位远隔天涯素未谋面的朋友，“责”我至今悄无声息，有负他当年期许，种种厚望，我无以为报。另外，对于书中这些人物，遥想多年，竟至有了一些感情和感想，其中间或有他人未道之处，想一吐为快。我自信这书的写法和一般的人物传记有所不同，这也许是这些文字，还值得化为油墨清香的一点点理由。

好友陈平对这书稿“视如己出”，不辞其烦地配上了丰富的图片，并撰写了精彩的图注。尤其是陈平先生还帮我订正了一些错误，免我贻笑，没有他的付出，此书将失色不少，在此表示由衷的感谢。

其实，最应该感谢的是我的博士导师张鸣教授。2007 年他得悉此稿有望出版，乃欣然作长序，而我迁延失误，竟至遗失先生之文，今次先生不以为意，再赐一序。为这芜陋文字，两次劳动先生费墨，想来亦是一桩空前绝后的奇闻和笑谈。此事在我固然失礼之极，且有不尽的汗颜和感激之情，而于先生，适足以彰显他提携后进的大德，和古名士之风。老师的厚爱褒奖，我实在愧不敢当，而说无教于我，则无论如何不能同意，因为，倘无十余年来的知遇和耳提面命，则绝无今日之我，为人为学皆是如此。老师向有赏“芝兰玉树”之怀，而我至今仅有莽草之质，每念及此，心中内疚，难以言述。忐忑之中，惟望读者诸君不致因失望于此书而苛责恩师的溢美之词，否则我真是玷辱师门了。

2012 年 12 月修改于北京